Gallus M. Manser

Das Naturrecht in thomistischer Beleuchtung

EDITIONES SCHOLASTICAE

Gallus M. Manser

Das Naturrecht in thomistischer Beleuchtung

EDITIONES SCHOLASTICAE

Bibliographic information published by Deutsche Nationalbibliothek
The Deutsche Nationalbibliothek lists this publication in the Deutsche Nationalbibliographie;
detailed bibliographic data is available in the Internet at http://dnb.ddb.de

Our books are distributed worldwide by

EUROSPAN

USA & Canada
Independent Publishers Group IPG
E-mail: orders@ipgbook.com
Tel: +1 800 888 4741
www.ipgbook.com

U.K., Europe, Asia and Africa
Eurospan
Gray's Inn House
127 Clerkenwell Road
London EC1R 5DB
info@eurospan.co.uk

53819 Neunkirchen-Seelscheid
www.editiones-scholasticae.de

ISBN 978-3-86838-278-5

2023

Printed on acid-free paper

Printed in Germany

VORWORT

Die katastrophalen Weltereignisse haben das Interesse für das Naturrecht neu geweckt. Man hört den Ruf nach Naturrecht aus Kreisen, wo man ihn sonst zu hören nicht gewohnt war. Die Not ändert vieles. Nichts ist dem Menschen unerträglicher als Rechtsunsicherheit und vor allem massenhafte Rechtsvergewaltigung. Ich brauche mich also nicht zu entschuldigen, wenn ich über Naturrecht schreibe, mag auch das, was ich vorlege, unvollkommen sein!

Eine Tatsache, die ich später eingehender darzustellen versuchen werde, möge dem Leser jetzt schon vor Augen schweben: *alle Gegner des Naturrechts waren stets zugleich wieder Naturrechtler!* Karl Bergbohm, der größte Gegner des Naturrechts, hat diese Tatsache selber schon im Jahre 1892 offen bestätigt. Und er selbst ist diesem inneren Widerspruch auch zum Opfer gefallen! Wie, so fragen wir, soll man diesen säkulären *Selbstwiderspruch* deuten? Nur so scheint er erklärbar: die Natur rächt sich immer selbst, wenn sie vergewaltigt wird. Wer das Naturrecht leugnet, vergewaltigt die Menschennatur, weil er ihr tiefstes Hausrecht leugnet. Dagegen erhebt die Natur selbst Protest, weil alle Menschen, ich rede wieder mit Bergbohm, von Haus aus « geborene Naturrechtsjuristen » sind [1]. So aber muß der erwähnte Selbstwiderspruch entstehen. Die sana ratio humana communis, die allgemeine gesunde Menschenvernunft erhebt gegen die wissenschaftliche Leugnung des Naturrechts feierlichen Protest!

[1] Jurisprudenz und Rechtsphilosophie, Bd. I, 122 (Leipzig, Duncker & Humblot, 1892).

Warum rede ich von *thomistischer Beleuchtung* ? Weil meines Erachtens gewisse Schwierigkeiten, die gegen das Naturrecht erhoben werden, nur auf Grund aristotelisch-thomistischer Prinzipien und Auffassungen lösbar sind. Der Leser prüfe, was später folgt. Ich wiederhole : von Hause aus ist jedermann Naturrechtler. Aber der *wissenschaftliche* Streit « für » und « gegen » das Naturrecht ist eine *Weltanschauungsfrage,* wo wir leider weit auseinandergehen. Doch ist es Sache eines jeden Lesers, zu prüfen, wo das Richtige liegt. Sollte die heutige Katastrophe nicht ein Prüfstein dessen sein, was haltbar ist ? In jedem Fall muß jedermann den obigen historischen Selbstwiderspruch klären und sich die Frage vorlegen : kann etwas wissenschaftlich wahr sein, was der gesunden allgemeinen Menschenvernunft widerspricht ? Sollten gesunder Menschenverstand und Wissenschaft nicht übereinstimmen ?

Mit dem, was in den folgenden 12 Artikeln vorliegt, schließe ich den *allgemeinen Teil* über das Naturrecht ab. Ein Teil davon wurde im « Divus Thomas » veröffentlicht. In welchem Sinne das *Völkerrecht christliches* Kulturgut sei, habe ich in dieser Buchausgabe ergänzend zu erklären gesucht. Ältere angesehene Juristen haben die Veröffentlichung für weitere Kreise angeregt. Ihnen und der verdienstvollen St. Paulusdruckerei in Freiburg, die den Verlag gastlich übernahm, danke ich herzlichst. Den lieben Studierenden, vorab den Juristen, die alle in meinem liebevollsten Andenken fortleben, ist diese Publikation gewidmet !

Wil, St. G., den 1. Februar 1944.

Der Autor.

EINLEITUNG

Mit der Rückkehr in die Einsamkeit erwachte das Interesse für das Problem « Naturrecht » von neuem. Es ist ein wenig eine alte Liebe. Dem Alter ist übrigens die Liebe zur *Einheit* besonders eigen, zur Einheit auf allen möglichen Gebieten, oft auch unmöglichen! In Rechtssachen ist sie wissenschaftlich und praktisch von überragender Bedeutung. Und da erinnere ich mich an ein Wort unseres weit bekannten Juristen Eugen Huber, der da schrieb: « Man hat es während einer längeren Periode für möglich erachtet, das ganze Recht aus der menschlichen Vernunft abzuleiten, ein Recht aufzubauen, das der Natur des Menschen entspreche und das dann auch, so wie es dem vernünftigen Bewußtsein des Forschenden sich dargestellt hat, als geltendes Recht gelehrt wurde. Das war die Zeit der Herrschaft des *alten Naturrechts*, das sich unbestreitbar das Verdienst erworben hat, auf die *Einheit der Rechtsauffassung* mit großer Energie hingewiesen zu haben »[1].

Naturrecht! Wie oft hat man ihm Krieg und Tod angesagt. Aber, schrieb Bergbohm, sein grimmigster Feind, alle « Leichenreden sind zu früh gehalten worden »[2]. Es vollständig zu verdrängen, « dazu haben es bisher weder Spott und Hohn ... bringen können »[3]. Es « fließt nach wie vor breit und flach das Naturrecht daher, ein nimmer versiegender, durch zahlreiche Nebenflüsse von mannigfachem Charakter gespeister Strom ... Ihn trocken zu legen, ist der Kritik bisher nicht gelungen »[4]. Auch nach dem Niedergange der berühmten historischen Schule Savigny's und nach dem Kampfe, den F. J. Stahl führte, erhob sich das Naturrecht sofort wieder[5]. Man hat « der Hydra, sagt Bergbohm, einen ihrer Köpfe abgeschlagen — an seiner Stelle

[1] Recht und Rechtsverwirklichung. Basel 1921, 2. Der Sperrdruck ist von mir.

[2] Jurisprudenz und Rechtsphilosophie, 111.

[3] Das. 110. [4] Das. 9. [5] Das. 112.

sind zehn nachgewachsen »[1]. Deutet das alles nicht schon auf die siegreiche Macht des Naturrechts hin ?

Menschentreue bewährt sich nicht immer in Sturm und Drangsal, wohl aber bewähren sich in solchen Zeiten Wahrheit und wankellose Festigkeit der Prinzipien ! War das Naturrecht nicht stetig die Sturmglocke in großen Völkerkrisen ? Sollten wir das nicht erfassen in heutiger Zeit, wo Millionen unschuldig Tag für Tag bluten ; wo die Grundfesten der ganzen sozialen und politischen Ordnung : der Ehe, Familie und des Staates zitternd wanken ; wo die Person und das Leben des Einzelnen keinen Rappen mehr wert ist, wo ein bisanhin wohl noch nie erlebter *Völkerhaß* alle Völker und Erdteile dem sichern Ruin entgegenzutreiben droht ; wo jenes Ideal von einer Caritas generis humani, das einst 1857 Villemain vor der französischen Akademie im Anschluß an Cicero feierte, so grausam lügengestraft wird [2] ? Und das alles, weil, trotz der ewigen Berufung auf Gerechtigkeit, doch keine wahre höchste Rechtsnorm, nach welcher auch Macht und Gewalt gemessen werden müßten, mehr da ist. Wie ernst hat Pius XII. auf die naturrechtlichen Grundlagen der Gesellschaft hingewiesen in seiner Weihnachtsansprache von 1942 ! Wie ganz unwillkürlich denkt man bei all dem an das große Gesetz : « Iustitia est fundamentum regnorum » ! Vielleicht würden frühere Rechtslehrer, wenn sie unsere Katastrophe erlebt hätten, nicht mehr, wie Jos. Kohler es getan, Friedrich Nietzsche als Höhepunkt des Rechtes feiern [3] ; Nietzsche, sage ich, dem das Wort des großen Isaias galt : « Wehe euch, die ihr das Gute bös und das Böse gut nennt » (5, 20). Jedenfalls erhält das Wort des großen Protestanten Leibniz in unsern Tagen eine eigentümliche Beleuchtung : « *Die Grundlage des sozialen Rechtes der Völker ist das Naturrecht* » [4].

Präzisieren wir den Grundgedanken des Naturrechts noch etwas genauer, denn das ist wichtig. Das Naturrecht, sagt Heinrich Ahrens — wohl der bekannteste Naturrechtler, dessen Werk in die verschiedensten Sprachen in kürzester Zeit übertragen wurde — ist « die Wissenschaft, welche aus dem Wesen und der Bestimmung des

[1] Das. 113.

[2] Vgl. *Charles Jourdain*, La philosophie de saint Thomas d'Aquin. Paris 1858, I, 383.

[3] *Jos. Kohler*, Lehrbuch der Rechtsphilosophie. Berlin 1909, 6-7.

[4] « Basis iuris socialis inter gentes ipsum naturae ius est ». Leibnitii opera omnia (Ed. Dutens). Pars IV, 306.

Menschen und der menschlichen Gesellschaft das *oberste Prinzip* oder die Idee des Rechts ableitet ». Das Naturrecht wurzelt in der Überzeugung, « daß es ein von willkürlichen Satzungen unabhängiges, in einer höheren sittlichen Lebensordnung gegründetes Recht gibt, welches als *Maßstab* zur Beurteilung der bestehenden Verhältnisse und Einrichtungen und als Richtschnur für ihre weitere Ausbildung zu dienen bestimmt ist » [1]. Formulieren wir den springenden Punkt noch genauer mit der Frage : Muß ich, ehe ich in jedem Einzelfall entscheiden kann : *das* ist recht, *das* ist unrecht, nicht vorher wissen, was ist *überhaupt, an sich*, im *allgemeinen* recht, wo liegt überhaupt das *unverrückbare Prinzip* des Rechts ? Die Naturrechtler verlegen, die Frage bejahend, dieses Prinzip in die menschliche Natur. Doch gehen auch sie leider wieder auseinander. Die Thomisten verlegen es in die *real-vernünftige* Menschennatur.

Wir wollen dem Leser gleich den Plan dessen vorlegen, was wir im folgenden über das Naturrecht im allgemeinen behandeln werden.

Das, was wir zuerst über die ersten *Anhänger* und die *Gegner* des Naturrechts sagen werden, soll das Problem historisch kurz beleuchten. Schon wichtiger ist der Beweis für die *Existenz* des Naturrechts und sein *Verhältnis zur Ethik* als Teil derselben. Die Ausführungen über den *Voluntarismus* als größten Feind jedes unveränderlichen Rechts sind die Voraussetzung für die *Unveränderlichkeit* des Naturrechts. Erst nach all dem können wir die wichtigste Frage über das *Wesen* des Naturrechts und seine *ersten Prinzipien* und das Verhältnis zur *lex aeterna, divina, humana* und zum *Völkerrecht* näher und genauer darstellen. Die zwei folgenden Artikel über *Rechtszwang* und *Promulgation* berühren Kampffragen mit den Gegnern. Die *Rechtspflicht* ergibt sich aus all dem, was vorher erörtert wurde.

[1] Naturrecht oder Philosophie des Rechts und des Staates. Wien 1870, Bd. I, 1.

Art. 1.

Die ältesten Vertreter des Naturrechts.

Die Geschichte des Naturrechts ist noch nicht geschrieben. Wir werden sie auch nicht schreiben, wenngleich Geschichtliches im folgenden zur Illustration des schwierigen Problems vielfach herangezogen werden wird.

Übrigens ist das Naturrecht so alt wie der Mensch, eben weil es Naturrecht, d. h. Recht der menschlichen Natur ist. Aber darum handelt es sich hier gar nicht, sondern darum : wann das Naturrecht *wissenschaftlich* und bewußt als Teil der Rechtswissenschaft aufgetreten ist.

Von den ältesten und ersten Vertretern des Naturrechts im angedeuteten Sinne ist hier die Rede. Diese Frage hat für uns deshalb eine wertvolle, abklärende Bedeutung, weil unseres Erachtens die wichtigsten [1] von den ersten wissenschaftlichen Vertretern des Naturrechts den gleichen Weg wandelten, den wir für den richtigen halten. Wir hätten also hier bereits im gewissen Sinne einen aufklärenden Fingerzeig für das, was wir nachher eingehender dartun wollen. Noch sei hier die Bemerkung beigefügt : das Naturrechtssystem ist an sich ein sehr komplexer Begriff, von dem anfänglich nur gewisse Grundelemente zum Vorschein kommen.

Mehrere Historiker führen den Ursprung des Naturrechts sogar bis auf *Solon* zurück, der Athen die erste Verfassung gab. Andere gingen wenigstens bis auf den feurigen Aristokraten Heraklit zurück (Blütezeit c. 500 v. Chr.), dessen berühmtes Axiom : « Alles fließt »

[1] Eine Ausnahme machen natürlich die Epikureer, die die Lust zum höchsten Prinzip machten. Vgl. *Heinrich Rommen,* Die ewige Wiederkehr des Naturrechts. Leipzig (Hegner) 1936, 19 ; *Bergbohm,* a. a. O. 153. Unter den Vorsokratikern hat schon Kallikles den Satz geprägt : Naturrecht ist die Macht des Stärkeren. Vgl. *Rommen,* 17 u. 21.

an eine ewig dauernde Norm, an einen göttlichen Logos als Urnorm alles sittlichen Seins und Handelns gebunden wäre, wie ein Fragment andeutet [1]. Hätte Anaxagoras († 428 v. Chr.) seinen göttlichen νοῦς enger mit der sichtbaren Welt verbunden, so könnte hier auch von ihm die Rede sein.

Am häufigsten wird **Sokrates** († 399 v. Chr.) als Gründer des Naturrechts genannt. Allein der Mangel an Synthese bei ihm und das doppelt verschiedene Bild, welches Plato und Xenophon von ihm entworfen, erschweren auch da die Frage. Doch ist aus dem, was Plato, Xenophon und Aristoteles *übereinstimmend* berichten, ersichtlich, daß Sokrates tatsächlich der Begründer des Naturrechts war. Auch Bergbohm leugnet das nicht [2]. Nach Sokrates ist höchstes Ziel alles Handelns die *Glückseligkeit* — εὐδαιμονία — d. h. das Gute — ἀγαθόν — das er dem *Schönen* und *Rechten* gleichsetzt. Das ist somit der Maßstab alles sittlichen Handelns, auch in der *Politik*, und an was die Stimme Gottes, das Daimonium, ihn stetig gemahnt [3].

Von einem Naturrecht bei **Plato** († 348) in unserem Sinne zu reden, finde ich schwierig. Bei ihm sind bekanntlich die irdischen Dinge nur Schatten der ewigen, von uns getrennten Ideen, die in sich und über uns existieren. Es gibt nach Plato nichts *Allgemein-Unveränderliches* in den irdischen Dingen — kein Universale in re. Gerne aber geben wir zu, daß der wunderbare Exemplarismus Plato's auf die spätere Entwicklung der Naturrechtstheorie einen sogar eminenten Einfluß ausgeübt hat. Das Unglück Plato's war, daß er die sokratische Induktion, die faktisch nichts anderes war als die einfache Abstraktion der ersten Begriffe aus der Sinneswelt — ἐπαγωγή = Induktion wird sie ja auch bei Aristoteles und den Lateinern bezüglich der ersten Prinzipien genannt, hat aber mit der syllogistischen Induktion nichts zu tun — fallen ließ. So fehlte der platonischen Universalienlehre und folglich dem Naturrecht jede reale Grundlage.

Bei **Aristoteles** (384-322) ist die ganze Frage bedeutend komplizierter. Konstatieren wir in erster Linie die Tatsache, daß er Naturrecht und positives Recht zwar nicht trennt, wie öfter behauptet wurde, aber scharf *unterscheidet*. Das tat er schon in der Rhetorik [4]

[1] Fragment 112. Vgl. *Rommen*, 14.

[2] Jurisprudenz und Rechtsphilosophie, 153.

[3] Vgl. *Überweg*, Grundriß der Geschichte der Philosophie des Altertums, 11. Aufl. Berlin 1920, 156-157. Dazu *Rommen*, 22.

[4] I. Rhet. c. 13 (Ed. Did. I 340, 20).

und dann wieder in der nikomachischen Ethik [1]. Es gibt beim Stagiriten ein « δίκαιον φυσικόν » oder « κατὰ φύσιν », also ein *natürlich Rechtes*, und ein « δίκαιον νομικόν » oder « ἴδιον » = *gesetzlich Rechtes*, besser würde ich vielleicht sagen : ein « gesetztes » Recht. Aristoteles bestreitet mit aller Entschiedenheit, daß alles Recht nur positiv sei [2]. Der Unterschied beider ist groß, denn das *Naturrechtliche* wird von *jederman irgendwie erkannt*, auch ohne irgendwelche gesellschaftliche Beziehung [3] ; es gilt daher auch *überall bei allen Völkern*, ohne Dekrete, ist daher auch an *sich unveränderlich* [4]. Dagegen ist das bloß gesetzlich Rechte *partikulär*, « ἴδιον », nicht überall geltend, zeitlich begrenzt und auch hinsichtlich der Untergebenen [5] ... Diese Unterscheidung wird von Aristoteles beispielsweise auch bezüglich zahlloser Spezialfragen angewandt, so wenn er hervorhebt, daß der Staat naturrechtlich sei [6] und auch die Ehe [7], ebenfalls der *soziale* Charakter des Menschen [8] und das Selbsterhaltungsrecht [9].

Die vorige Unterscheidung vorausgesetzt, tritt erst die Hauptfrage an uns heran, nämlich : Wo liegt das **Prinzip** des *Naturrechts*, das dann zugleich der Grund der erwähnten Unterscheidung des Naturrechtlichen und Positivrechtlichen sein müßte ? Die letztere Frage hat Aristoteles selbst unseres Wissens nicht beantwortet. Sie ist aber aus seiner Theorie ableitbar und muß ableitbar sein.

Die Beantwortung dieser Fragen ist deshalb beim Stagiriten kompliziert, weil er in der nikomachischen Ethik die spekulative und praktische Ordnung eng miteinander verbindet. Nur aus dem Gesamtbilde, skizzenhaft entwickelt, lassen sich die beiden Fragen beantworten. Versuchen wir es.

Höchstes Ziel der ganzen menschlich-sittlichen Tätigkeit ist bei Aristoteles, wie bei Sokrates und Plato, die *Glückseligkeit*, das ἀγαθόν, das Gute als solches [10]. Doch läßt er das platonisch absolute, in sich vollkommene Gute beiseite und sucht nur nach dem vollkommenen

[1] V. Eth. ad Nic. c. 7 (II 60, 29).
[2] V. Eth. c. 7 (II 60, 36).
[3] I. Rhet. c. 13 (340, 23).
[4] V. Eth. c. 7 das.
[5] V. Eth. c. 7 (60, 48 ss.).
[6] I. Pol. c. 1 (I 484, 6) ; II. Pol. c. 1 (I 497, 15).
[7] I. Pol. c. 1 (I 482, 28).
[8] I. Pol. c. 1 (I 483, 35).
[9] III. Pol. c. 3 (I 492, 26 ss.).
[10] I. Eth. c. 2 (II 2, 46 ss.).

Gut *dieses Lebens*[1]. Das besteht für ihn in der vollkommensten menschlichen *Tätigkeit,* Tüchtigkeit im Handeln, die er ἀρετή, Tugend nennt[2]. Nun gibt es ein doppeltes Tätigkeitsgebiet, das *spekulative* und das *praktische.*

a) Gegenstand der *spekulativen* Tätigkeit ist nur die Erkenntnis der Wahrheit als solcher. Hier herrschen die sog. *intellektuellen* oder dianoëtischen Tugenden = Tüchtigkeiten — λογικαὶ ἀρεταί[3]. Hervorragend sind hier drei Habitus : α) die Tüchtigkeit der *ersten Beweisprinzipien,* z. B. des Prinzips des Widerspruchs ; diese erkennt der Verstand spontan, schlußlos ; sie werden für alle folgenden Kenntnisse vorausgesetzt. β) Der Habitus der *Wissenschaft* — ἐπιστήμη — d. h. die Tüchtigkeit, aus den Prinzipien richtige Wahrheiten abzuleiten[4]. Endlich γ) die Tugend der *Weisheit* — σοφία. Das ist die höchste Tüchtigkeit, weil sie alles Wissen auf die letzten Ursachen zurückführt[5]. Auf diesem ganzen spekulativen Gebiete spielt der Verstand die eminenteste Rolle ; denn die intellektuellen Habitus, die Aristoteles auch « Tugenden » nennt, werden nicht bloß vom Verstande geleitet, sondern sind auch *im Verstande*[6]. Da auf dem spekulativen Gebiete, wo nur die Wahrheit Objekt der Tüchtigkeit, also dieses Habitus ist, konnte Aristoteles nur insofern hier von « Tugenden » reden, wie Thomas sagt[7], als das Wahre seinerseits auch wieder das bonum des Verstandes ist.

b) Auf *praktischem* Gebiete, wo allein von *sittlichen* Tugenden — ἠθικαὶ ἀρεταί — im eigentlichen Sinne die Rede sein kann, müssen wir das Prinzip des Naturrechts und der Unterscheidung von Naturrechtlichem und Positivrechtlichem finden, weil es sich hier nicht mehr bloß um « Wahr » und « Falsch », sondern um « Gut » und « Bös » handelt. Hier ist daher die Stellung des Verstandes eine ganz andere. Die *moralischen* Tugenden haben ihren Standort nicht im Verstande selbst, sondern im *Strebevermögen*[8]. Den Satz des Sokrates, dem der jüngere Plato noch folgte, daß richtigem Erkennen immer richtiges

[1] Das. c. 6 (II 5, 125).
[2] I. Eth. c. 7 (II 6, 30) u. c. 4 (II 2, 46).
[3] I. Eth. c. 13 (II 14, 24).
[4] VI. Eth. c. 1 (II 67, 1 ss.).
[5] VI. Eth. c. 7 (II 70, 10 ss.).
[6] I. Eth. c. 13 (II 14, 22 ss.).
[7] I-II 57, 1.
[8] II. Eth. c. 1.

Handeln folge, bekämpft der Stagirite aufs entschiedenste [1]. Das sittlich Richtige hängt formell vom Willen ab, dessen Objekt formell das ἀγαθόν, das « Gute » ist. Hier spielt der Verstand nur eine *leitende* und befehlende, sagen wir, eine lichttragende Rolle, und zwar eine doppelte : α) *Das Gute im allgemeinen oder als solches*, d. h. die *Glückseligkeit*, erstrebt der Wille zwar willig — voluntarie — aber *notwendig* [2], nicht frei ; denn das ist das eigentümliche Objekt des Willens, und jede Fähigkeit ist naturnotwendig zum eigenen Gegenstande hingeordnet. Selbst der Selbstmörder strebt noch zum Glücke als solchem. Lichtträger ist hier der Verstand, insofern als er *konfuse* von Haus aus dem Willen dieses Objekt vorstellt, wie er in der spekulativen Ordnung spontan, d. h. ohne Urteil das « Sein » als solches, mittelst dessen die ersten Beweisprinzipien — Kontradiktionsprinzip usw. — erworben werden, erfaßt. Unsere ersten Erkenntnisse, sowohl in der spekulativen als praktischen Ordnung, sind, die Abstraktion immer vorausgesetzt, entweder spontan intuitiv, oder es gibt überhaupt keine realen menschlichen Erkenntnisse ! Hier gerade offenbart sich die wunderbare *Harmonie* zwischen spekulativer und praktischer Ordnung, die Aristoteles nicht ohne Grund in der nikomachischen Ethik miteinander verbindet [3]. Das Sein als Eigengegenstand des Verstandes wird intuitiv, spontan vom Verstande erfaßt ; das Sein « als solches » wird bonum « als solches » in der praktischen Ordnung und wird als Objekt des Willens spontan vom Willen als sein Eigenobjekt gewollt. In beiden Ordnungen ist hier an sich ein Irrtum gar nicht möglich. So kann Aristoteles mit Fug und Recht sagen : Bezüglich der beatitudo = Glückseligkeit, gehen die Meinungen, weder der Philosophen, noch Politiker, auseinander, wohl aber bezüglich der andern Frage : *worin* besteht sie ? [4] β) Das führt uns von selbst zur zweiten leitenden Rolle, die der Verstand als Führer und Lichtträger auf praktischem Gebiete spielt. Es betrifft das die bona particularia = Teilgüter, die, als Mittel zum Ziele, zur Glückseligkeit dienen [5]. Diese Teilgüter werden, weil Teilgüter, *frei* gewählt. Sie können auch verschieden sein, je nach Umständen, Lagen, Menschen, Zeiten, Völkern. Doch gibt es hier wieder zwei Klassen von Gütern : solche die an sich gut sind — καθ'

[1] VI. Eth. c. 13 (II 75, 38).
[2] I. Eth. c. 4 (II 2, 46).
[3] Vgl. I. Eth. c. 6 ; VI. Eth. c. 2 (II 67, 11).
[4] I. Eth. c. 4 (II 2, 46).
[5] I. Eth. c. 6 (II 4, 50).

αὑτά — gut sind in ihrer inneren Natur, und die daher eine innere, notwendige Beziehung zum Ziele aussagen; ihr Gegenteil wäre das Schlechte an sich. Andere Teilgüter sind nur *wegen jenen* da — θάτερα δὲ διὰ ταῦτα [1]. Beide Klassen von Teilgütern werden frei gewählt, weil sie Teilgüter sind.

Hier ist nun der Standort der *moralischen Tugend*, bei deren Zustandekommen der Verstand für den Willen und die freie Tat wieder leitender Lichtträger, besser gesagt, moralische *Richtschnur* wird. Er zeigt bei der freien Wahl dem Willen den richtigen Weg, sodaß das sittlich Richtiggewollte notwendig die recta ratio, das richtige Verstandesurteil voraussetzt und der Habitus als Willenstugend den Habitus des richtigen Urteilens von seiten des Verstandes [2]. Daher die aristotelische Definition der moralischen Tugend als eines Habitus, der, Ratschlagen und Überlegung voraussetzend, nach der recta ratio gemessen ist [3].

Aus all dem ist nun ersichtlich, daß nach Aristoteles die sittlich rechtliche Ordnung in der **Menschennatur** ihre Grundlage hat. Er sagt es auch ausdrücklich [4]. Aber zugleich präzisiert er seine Stellung. Das, was in der menschlichen Natur für die sittliche Ordnung maßgebend ist, kann nicht die vegetative Tüchtigkeit sein, auch nicht die sinnliche, die gehorchend sein soll, sondern nur die *rationelle*, die Vernunft, der « *Logos* » im Menschen. Folglich liegt das Prinzip des Naturrechts bei Aristoteles in der *vernünftigen* Menschennatur, mit andern Worten, in der recta ratio [5].

Damit bringen wir nun auch in Verbindung jene berühmte *Unterscheidung* von Naturrechtlichem und Positivrechtlichem. Wo liegt das Prinzip jener Unterscheidung? Die recta ratio kann dem Willen verschiedene Teilgüter zur Wahl vorschlagen: solche, die *an sich gut oder bös*, in ihrer *Natur* gut oder bös sind. Dann haben wir *Naturrechtliches*. Aristoteles gibt selbst als Beispiele des naturrechtlich Verbotenen: Ehebruch, Diebstahl, Neid [6]. Oder die Vernunft schlägt dem Willen Güter vor, die an sich indifferent und je nach Umständen gut und nützlich sind. Dann haben wir nur Positivrechtliches.

[1] I. Eth. c. 6 (II 4, 50).
[2] IV. Eth. c. 2 (II 67, 15).
[3] II. Eth. c. 6 (II 20, 11).
[4] I. Eth. c. 7 (II 6, 45 ss.).
[5] I. Eth. c. 7 (II 6, 45); I. Eth. c. 13 (II 13, 31 ss.).
[6] II. Eth. c. 6 (II 20, 20 ss.).

Meines Erachtens bildet die frühere Unterscheidung von bona per se und bona bloß propter aliud [1], das Prinzip für den Unterschied von Naturrecht und Positivrechtlichem. Die Lösung ist logisch.

Fügen wir noch bei : im Grunde genommen berührt Aristoteles in der ganzen Frage das Problem von den *Dingwesenheiten* aus : wesentlich gut und bös — eine Fassung, die dann bei Thomas eine ausgesprochene Rolle spielt.

Fügen wir weiter noch bei, was Aristoteles ausdrücklich betont. Die Begriffe : « Recht » — « Unrecht » sind *analoge* Begriffe, d. h. Begriffe, die in verschiedenen Ordnungen nur proportionell identisch sind [2]. Da Aristoteles ein scharfer Gegner der Trennung von Ethik und Recht ist, umfassen die Begriffe « Recht » und « Unrecht » das ganze *innere* und *äußere* sittliche Leben in Beziehung zum höchsten Ziele. Von Recht und Unrecht in bezug auf den *Mitmenschen* spricht in einem engeren Sinne die Gerechtigkeit — iustitia — und da wieder in verschiedenem Sinne, je nach dem von der Gerechtigkeit im allgemeinen oder von ihren Arten die Rede ist.

Mit Recht hat man die stoische Philosophie die Mutter der römischen Rechtswissenschaft genannt [3]. Sie ist es in besonderer Weise durch die Übertragung und Fortentwicklung aristotelischen Gedankengutes bezüglich des Naturrechts. Es genüge, hier ganz allgemein hinzuweisen auf die : Zenon aus Kition († c. 264 v. Chr.), Seneca († 65 n. Chr.), Epiktet (geb. c. 50 n. Chr.), Marc Aurel (Kaiser v. 160-180 n. Chr.). Gedanken, wie : Tugend ist die rechte Vernunft (recta ratio), gerechte Gesetze werden nach der Vernunft gemessen, alles Recht gründet in der Natur, der Natur nach sind alle Menschen, Sklaven und Freie, gleich, sind aristotelisch-stoisches Gedankengut. Dazu gehört vor allem auch jener schöne Spruch Epiktets : « Homo sacra res homini » und wieder jener andere Marc Aurels : « Insofern ich Antonin bin, ist Rom mir Vaterland ; insofern ich Mensch bin, ist die Welt meine Heimat » [4]. Aus diesen Ideen ist bekanntlich mit etwas einseitiger Betonung das Bild des « stoischen Weisen » entstanden !

Hervorragende Bedeutung für die erwähnte Überlieferung des aristotelischen Erbes auf das Mittelalter hatte **M. Tullius Cicero** (106-43 v. Chr.). Wir haben aus seinem Werke « De republica » III

[1] I. Eth. c. 6 (II 4, 50).
[2] V. Eth. c. 2 (II 54, 20 ss.) ; das. c. 3 (II 55, 34).
[3] Vgl. *Rommen*, a. a. O. 39.
[4] Das. 34 ff.

22[1] die herrliche Stelle, die wir unten im lat. Text wörtlich wiedergeben[2]. Darnach, so meint Cicero, ist das wahre Gesetz die richtige Vernunft in Übereinstimmung mit der Natur. Es berührt alle, bleibt sich immer gleich und ist ewig, zur Pflicht anhaltend und vom Bösen abhaltend. Es läßt sich nicht abschaffen und man kann nichts von ihm wegnehmen, noch etwas ihm entgegensetzen. Kein Senatsbeschluß, keine Volksabstimmung löst von seiner Verbindlichkeit. Es bedarf weder eines Erklärers noch eines Auslegers. Es ist dasselbe in Rom und Athen, jetzt und später, denn es umspannt alle Völker und Zeiten als ewiges, unwandelbares Gesetz; denn durch dieses Gesetz spricht zu uns der eine Lehrer und Oberherr aller, Gott, der Erfinder, der Aussprecher und Geber dieses Gesetzes. Wer ihm nicht gehorcht, flieht sich selbst, weil er die Natur des Menschen verleugnet. Es wird sich selbst furchtbarst rächen, auch wenn man sonst allen Strafen entgeht.

Diese herrliche Sprache über das Naturgesetz ist allerdings Bergbohm sehr unangenehm[3]. Aber, wenn er und andere gegen Ahrens und Roeder den «Cicero-Orator» als Feind der Juristen ausspielt, so vergißt er in Cicero den Staatsmann zu sehr und vor allem den *Römer*, auf den der gesetzgeberische Genius seines Volkes einen großen Einfluß ausübte. Wie sehr sich übrigens Cicero der gewaltigen Tragweite unserer Frage bewußt war, das zeigt auch der weitere Umstand, daß er die *Einwürfe*, welche man damals gegen das Naturrecht vorbrachte, sammelte[4] und zu widerlegen suchte[5]. So dürfen wir auch

[1] Das Werk ist erst 1822 fragmentarisch publiziert worden. Vgl. *Überweg*, a. a. O. 496.

[2] « Est quidem vera lex recta ratio, naturae congruens, diffusa in omnes, constans, sempiterna, quae vocet ad officium iubendo, vetando a fraude deterreat. Huic legi nec abrogari fas est neque derogari ex hac aliquid licet, neque tota abrogari potest, nec vero aut per senatum aut per populum solvi hac lege possumus, neque est quaerendus explanator aut interpres eius alius nec erit alia lex Romae, alia Athenis, alia nunc, alia posthac, sed et omnis gentis et omni tempore una lex et sempiterna et immutabilis continebit unusque erit communis quasi magister, et imperator omnium Deus; ille legis huius inventor, disceptator, lator, cui qui non parebit ipse se fugiet ac naturam hominis aspernatus hoc ipso luet maximas poenas, etiam si caetera supplicia, quae putantur effugerit ».

[3] Jurisprudenz und Rechtsphilosophie, 154 [9].

[4] De repub. III 11 ss. Die Haupteinwände bezogen sich auf die Verschiedenheit und Veränderlichkeit der Gesetze bei den verschiedenen Völkern, auch darauf, daß den « Großen » mehr erlaubt wird als den Kleinen, und daß der Mensch von Natur aus eine Abneigung gegen die Gerechtigkeit habe (*Bergbohm* das.).

[5] Was Cicero gegen die Gegner des Naturrechts vorbrachte, wissen wir nicht, da die betreffende Rede fehlt (*Bergbohm* das.).

annehmen, daß Tullius Cicero aus *innerster Überzeugung* schrieb, als er im Interesse des Naturrechts betonte: « Wäre alles das, was durch Beschlüsse der Völker, durch Verordnungen der Fürsten und durch Urteilssprüche der Richter geschaffen wird, Recht, so wären Raub, Ehebruch und gefälschte Testamente, wenn unterschrieben, Recht, sobald dies durch Zustimmung und Beschlußfassung der Menge genehmigt würde » [1].

Die Entwicklung des Naturrechts von Sokrates bis zu den römischen Stoikern ist interessant. Wissenschaftlich *begründet* hat es nur Aristoteles. Aber in der Darstellung Cicero's, der zur ersten Ursache, Gott, aufsteigt, wird es *transzendental* im erhabensten Sinne. Mit Recht sagt er: es entstammt der tiefsten Philosophie [2]. Dieser Gedankengang zeigt uns den Weg zu Thomas von Aquin, Victoria, Bellarmin, Suarez, Vasquez, de Soto. Diese kurze Darstellung der ersten Vertreter des Naturrechts erfüllte also einen eminenten Zweck in unserer Darstellung.

[1] De legibus I c. 16. Dazu *Rommen*, a. a. O. 36.

[2] « Non ergo a praetoris edicto ... neque a XII tabulis ... sed penitus *ex intima philosophia* hauriendam iuris disciplinam ... ». De legibus II 4.

Art. 2.

Die Gegner des Naturrechts und ihre Einwände.

Man kann mit Recht erstaunt sein, daß wir hier, ehe das Wesen des Naturrechts eingehender dargestellt wurde, von den gegnerischen Einwänden reden. Indessen wird der bereits gegebene Abriß des Naturrechts mit dem, was der Leser über Cicero und Aristoteles las, uns, so hoffen wir, über die Hauptschwierigkeiten hinweghelfen. Die analytische Methode hat hier vielleicht vor der synthetischen den Vorzug. Die gegnerischen Einwände sind es, die über das ganze schwierige Problem auffallend klärendes Licht verbreiten, und die Hauptfragen: die Existenz, das Wesen und die Unveränderlichkeit des Naturrechts lichtvoll vorbereiten. Sie ersparen uns auch den Vorwurf, in der Frage mit der Türe ins Haus gefallen zu sein.

Nach einem kurzen Hinweis auf die Hauptgegner wollen wir die Einwände gegen das Naturrecht namhaft machen und ihnen jeweilen allgemein kritische Bemerkungen entgegenstellen.

Nennen wir unter den **Gegnern** an erster Stelle die *Skeptiker*. Sie waren schon, wie Diogenes Laërtius berichtet [1], in der ältesten Zeit geschworene Gegner jedes Naturrechts. Zu den Gegnern gehörten zur Zeit des Sokrates auch die *Sophisten*, voran Protagoras [2], etwas älter als Sokrates. Prinzipielle Gegner sind auch die *Materialisten* aller Zeiten. Da sie keine übersinnliche Kenntnisse annehmen, müssen sie, wenn sie logisch sind, allgemein-notwendige Gesetze und damit auch das Naturrecht ablehnen. Schon die hedonistische Schule der Kyrenaiker von Aristipp bis auf Theodoros und Hegesias, bemerkt Berg-

[1] « Negabat (Pyrrho) enim quicquam honestum esse aut turpe ». Vitae clarorum philosophorum l. IX 61.

[2] *Plato*, Protagoras 333.

bohm [1], verwarf den Gedanken eines natürlichen Rechts [2]. Auch *Epikur* (geb. 341 v. Chr.) und seine Schüler folgten dieser Auffassung [3]. Von Hobbes und den viel späteren Diderot, Büchner, Moleschott brauche ich hier nicht zu reden [4]. Auch der *Positivismus*, logisch durchgeführt, muß jedes Naturrecht ablehnen, da er, wenigstens in der natürlichen Ordnung, jede spezifisch übersinnliche Erkenntnis in Abrede stellt. So erklärt Friedrich Paulsen: Es gibt keine allgemein gültigen Normen. Er zählt das Naturrechtliche zu den subjektiven Reflexionen [5]. Im gleichen Sinne wird alsbald Karl Bergbohm zu uns sprechen.

Die **Einwände** gegen das Naturrecht sind zahlreiche und verschiedene, laufen aber schlußendlich immer auf den Gedanken zurück, den schon die Genannten betonten: Recht und Unrecht sind bei den Völkern je nach Volk, Zeit und Umständen verschieden, wechseln fortwährend, also gibt es und gab es nie ein Naturrecht. Es gehört zur Ironie des Schicksals in unserer Frage, daß *wir* aus dem Wechsel des Rechts auf ein bleibendes Naturrecht und die Gegner aus dem gleichen Wechsel zur Leugnung desselben Naturrechts kommen.

Den Hauptkampf gegen das Naturrecht führte bekanntlich *Karl Bergbohm* in einem Bande von über 500 Seiten. Alle Gegner berufen sich stets wieder auf ihn und rühmen ihm nach, daß er das Naturrecht bis in die geheimsten «Schlupfwinkel» verfolgt hätte. Er hat das unbestrittene Verdienst, den Kampf gegen das Naturrecht klar, bestimmt, allseitig und von seinem Standpunkt aus meisterhaft geführt zu haben. Es muß unsere Pflicht sein, seine zahlreichen Einwände treu und unabgeschwächt wiederzugeben.

Die *These*, die Bergbohm aufstellt, lautet fast wie eine «Kriegserklärung». Der Dualismus von dem doppelten Rechte, Naturrecht und positivem Rechte, erklärt er, «ist einfach unerträglich». Und dann sagt er wortwörtlich in Sperrdruck: «*Es muß m. a. W. das Unkraut Naturrecht, in welcher Form und Verhüllung es auch auftreten möge, offen oder verschämt, ausgerottet werden, schonungslos, mit Stumpf und Stiel*» [6]. Fürwahr, nach dieser Erklärung ist es klar, daß er den

[1] A. a. O. 153.

[2] Diog. Laërt. ib. l. II 93 u. 99.

[3] Diog. Laërt. ib. l. X 150 u. 151.

[4] Vgl. darüber *W. Schneider*, Göttliche Weltordnung und religionslose Sittlichkeit. Paderborn 1900, 475, 477, 482.

[5] Kultur der Gegenwart. Berlin-Leipzig 1906, Teil I Abt. 6.

[6] Jurisprudenz und Rechtsphilosophie, 118.

« Stamm » des naturrechtlichen Baumes zu entwurzeln sucht, mit dem dann Äste, Zweige und Blätter von selbst fallen [1]. Im Aufbau seiner kritischen Argumentation geht Bergbohm ganz systematisch vor, und zwar in drei Hauptmomenten : vorerst bietet er eine Darstellung des Naturrechts [2] ; dann das erste Argument : das Naturrecht ist mit dem positiven Recht unverträglich ; dann das zweite Hauptargument : das Naturrecht widerspricht der Rechtsidee. Wir werden die drei Hauptmomente getrennt behandeln.

1. Bergbohms Begriff vom Naturrecht [3].

Schon einleitend ist Bergbohm sehr « ausschließlich ». Trendelenburgs klassische Begründung des aristotelischen Naturrechts ist weder Naturrecht noch Rechtsphilosophie [4]. Auch Ahrens' Auffassung findet keine Gnade [5]. Zum Naturrecht gehört « jede Vorstellung von einem Recht, das von menschlicher Satzung unabhängig ist » (130-31). Naturrecht ist etwas « Normatives », dem « außer » und « trotz » dem positiven Recht Verpflichtung zukommt (131) ; es enthält Rechtssätze, die nicht notwendig dem positiven Rechte angehören (132), die « keinem Willen » entstammen, « der sich objektiviert hat, keinen Taten, die rechtbildend in die Erscheinung getreten sind » (132). « Das Naturrecht ist von selbst da, sobald man es zu denken sich nur vorsetzt. Ob es aus der *Vernunft*, aus der *ethischen Anlage des Menschen*, aus der *göttlichen Offenbarung* usw. schöpft, ist dagegen für das *Wesen des Naturrechts völlig unwesentlich* » (132) ! Eine richtige Untersuchung der Rechtsquellen müßte als das Eigenartige des Naturrechts ergeben : den « prinzipiellen *Subjektivismus* » (133) [6] ; « das Naturrecht ist also das wahre, echte und rechte Recht, das positive von alledem das Gegenteil » (133). Endlich soll das erstere « auch kurzweg das 'höhere' Recht über dem positiven, welches letztere bloßes Menschenwerk ist », sein (133-34). Faktisch hat eigentlich das sog. Naturrecht mit der « *Natur des Menschen*, er möge sich diese denken, wie er will », *nichts*

[1] Das. 363.

[2] Das. 122 und 147. Zwischen dem ersten und zweiten und dritten Punkt hat er sehr interessante historische Reflexionen hineingefügt, 148-354.

[3] Wir werden im folgenden die Seitenzahlen in den Text hineinverweben und so viel als möglich wörtlich zitieren, damit der Leser nachkontrollieren kann.

[4] Das. 124 [4].

[5] Das. 130 [10].

[6] Von mir gesperrt.

zu tun, denn es ist kein spezifisch naturrechtliches Verfahren, wenn «jemand die zur Rechtsbildung treibenden Kräfte in der Natur des Menschen sucht» (135) [1]. Es ist eigentlich doch nur «subjektives Wähnen», wenn man im Naturrecht «Vernunft», «Menschenwürde», «Gemeinwohl» als «unmittelbare Quellen gültiger Rechtsquellen» annimmt (140). Seinen Begriff von Naturrecht zusammenfassend, sagt Bergbohm mit Sperrdruck: «*Dem Wesen nach naturrechtlich ist, um das Ergebnis ... zusammenzufassen, jede Vorstellung von einem Rechte, das nicht mit dem positiven Satz für Satz, Institut für Institut — meinetwegen Idee für Idee identisch sein, trotzdem aber den Anspruch haben soll, etwas für das Rechtsleben in näherer oder entfernterer Weise Maßgebendes, und zwar gerade nach Art des Rechtes Maßgebendes zu bedeuten*» (140). Die Methode des Naturrechts ins Auge fassend, sagt er: «*Es kommt auf die Sache an, und der Sache nach besteht naturrechtliche Methode überall, wo die behufs Beurteilung einer Rechtsfrage erforderliche Norm aus subjektiven Überzeugungen, statt aus objektiven Erkenntnismitteln des gewordenen Rechts, oder aber aus den Quellen eines fremden Rechtsgebietes, statt aus den einheimischen geschöpft wird*» (141). Und Bergbohm fügt endlich noch bezüglich seines Begriffes hinzu: das sei «der gleichartige *Kern* der Naturrechte *jeder Art und Form*» (141) [2].

Den letzten Satz wird der Leser vor allem bestaunen. Erklärlich ist es uns nun, warum er Trendelenburg und Ahrens ablehnt. Unerklärlich wird es dem Leser sein, wie Bergbohm trotz der Kenntnis von Cicero — Aristoteles hat er wohlweislich fast ganz ignoriert — allen Naturrechten als *Kern* die obige Beschreibung widmen kann. In Tat und Wahrheit widerspricht die genannte Beschreibung dem innersten Wesen der aristotelischen Auffassung. Nach dieser Auffassung ist das Naturrecht begründet in der *real-existierenden Menschennatur,* in der *sachlich* und daher *objektiv* urteilenden Vernunft, «recta ratio», und bildet an sich *keinen Gegensatz* zum positiven Rechte. Es wird daher auch gar nicht aus etwas *Fremdem* geschöpft, sondern aus dem *Innersten,* was der Mensch besitzt, nämlich aus seiner *Natur* als vernünftigem Lebewesen! [3]

[1] Von mir gesperrt. [2] Von mir gesperrt.

[3] Wir betonen gegen Bergbohm: Das aristotelische Naturrecht ist *nur aus der Natur* geschöpft, nicht aus der Offenbarung. Wohl aber gibt es Wahrheiten, die geoffenbart *und aus der* Natur erkannt werden. Die Quellen bleiben immer verschieden.

2. Unverträglichkeit des Naturrechts mit dem positiven Recht.

« Ein positives Recht ist da ». Das ist eine positive Tatsache. Gibt es auch noch ein Naturrecht, so muß zwischen beiden ein *erträgliches Verhältnis* sein. Das ist aber unmöglich, also muß das Naturrecht weichen (367-368). Für ein erträgliches Verhältnis sind nur drei Fälle denkbar : Das Naturrecht füllt die Lücken des positiven Rechts aus = Fall 1 ; das positive Recht ist nur eine Ergänzung des Naturrechts = Fall 2 ; das Naturrecht ist kritischer Maßstab und Grund des positiven Rechts = Fall 3. Nun aber ist keiner der drei Fälle möglich, also ist zwischen beiden Rechten kein erträgliches Verhältnis möglich.

a) *Das Naturrecht nicht Lückenbüßer des positiven Rechts.*

Das war, sagt Bergbohm, die These der gemäßigten Naturrechtler, die das positive Recht neben dem Naturrecht bestehen ließen (371) [1]. « Aber die Voraussetzung ist falsch ; das positive Recht hat überhaupt keine Lücken » (373), denn das positive Recht antwortet auf jede Frage (372-73). Und wenn man doch von quantitativer Insuffizienz reden will (374-82), so hilft man sich aus, bald durch *ausdehnende Ergänzung*, bald durch stellenweise *Ausfüllung* des Rechtssystems (375). Es gibt keinen « rechtsleeren Raum », und was fehlt, wird eben immer wieder durch gleichartiges, d. h. positives Recht ergänzt (384-89) ; auch in Streitfragen und Kollisionen bedarf man keines anderen Rechts (390-91). Von einer Hilfeleistung seitens irgend eines nicht positiven Rechts kann also nicht die Rede sein (392-93).

b) *Das positive Recht nicht Ergänzung des Naturrechts.*

Auch diese These ist absolut unmöglich. Denn wenn es ein Naturrecht gibt, dann ist es ein alles umfassendes Prinzipiensystem (393), ein « vollständiges Idealsystem » (394), das keine Lücken aufweist, also keinen Raum offen läßt für das positive Recht, weil es den ganzen Umkreis der « menschlichen Tätigkeiten » umfaßt (395). Also kann das positive Recht nicht Ergänzung des Naturrechts sein (396). Fall « zwei » ist also auch erledigt !

[1] Man beachte den Widerspruch Bergbohms : Früher hat er den Gegensatz von Naturrecht und positivem Recht allen Naturrechtlern zuerteilt. Hier gibt es nun doch wieder solche, die den gleichen Gegensatz nicht lehrten !

c) *Das Naturrecht nicht kritischer Maßstab des positiven Rechts.*

Eines der beiden Rechte muß weichen (397). Denn : erstens beansprucht jeder positive Rechtssatz für sich schon Recht (398) ; zweitens : der wahre Jurist besitzt Gedankenzucht, d. h. er läßt sich nicht beeinflussen von « *Herzenswünschen* » und « *persönlichen Überzeugungen* » (398) ; drittens : es gibt wohl eine Unterordnung von positiven Sätzen, aber keinen Maßstab außerhalb des positiven Rechts (398-99) ; ferner viertens : warum forscht man nicht nach einem *Rechtsgrund* beim Naturrecht (399-400) ? was Recht ist, ist eben Recht (402) ; das Resultat dieses Vorgehens ist dann fünftens, daß man notwendig zu einem *Widerspruch* beider Rechte kommt (403) ; man huldigt bei all dem « *subjektiven Rechtsgedanken des Denkenden* » (404-406). Das Resultat von dem allem ist : das angenommene Naturrecht führt zur *Anarchie* (407). « Ein Verhältnis zwischen beiden (Rechten) ist sowenig möglich wie überhaupt ein Verhältnis zwischen dem *objektiv Realen* und dem *subjektiv Fiktiven* » (407) [1].

Versuchen wir nun, mit einigen Kritikbemerkungen Bergbohms Ausführungen, die er nach seiner eigenen Anordnung in *a, b, c* gegeben und die leider nicht frei sind von Verwechslungen, Zweideutigkeiten und auch leeren Behauptungen, zu widerlegen.

Bemerken wir vorerst neuerdings, daß das aristotelische Naturrecht *nicht eine subjektive Fiktion* ist, sondern sehr real begründet ist. Somit handelt es sich hier um ein richtiges Verhältnis zwischen zwei real begründeten Rechten, dem natürlichen und positiven. Auch ist das Naturrecht in seinen obersten Prinzipien für jedermann unmittelbar an sich evident, denn das Streben nach der Glückseligkeit, nach dem Guten — bonum — ist unleugbar, da der Leugner in der Leugnung es wieder zugibt. Man kann also gar nicht nach einem weiteren Grund des Naturrechts fragen, wie Bergbohm einwendet. Weiter halten wir weder das Naturrecht für den *Lückenbüßer* des positiven Rechts noch das positive Recht für eine *Ergänzung* des Naturrechts. Das erstere ist vielmehr *fundamental* für jedes positive Recht. Das letztere ist als *Anwendung*, als *Determination* des Naturrechts auf die komplizierten, ganz verschiedenen Einzelfälle und Rechtsprobleme selbständig. Mit andern Worten : das Naturrecht enthält zwar potenziell als *allgemein-fundamentales* Recht die Einzelrechtsfälle, löst sie aber aktuell keines-

[1] Sperrungen sind von mir.

wegs ; denn daraus, daß das Gute erstrebenswert ist, weiß ich noch gar nicht, was im Einzelfall gut und recht ist.

Nun unsere Lösung ! Wir verteidigen einen Rechtsdualismus auf Grund der *Unterordnung* und der *Harmonie* beider. Wie in der spekulativen Ordnung die obersten Beweisprinzipien — Widerspruchsprinzip — Prüfstein für alle untergeordneten Prinzipien und Beweise sind, so das Naturrecht für alle positiven Gesetze, die dasselbe nur näher bestimmen, determinieren für die Einzelrechtsfälle. Genauer und schärfer ausgedrückt, argumentieren wir also : Die ganze ethische Arbeit besteht darin, daß der Mensch mit den richtig erkannten Mitteln das erkannte höchste Ziel des bonum commune erkenne und erreiche. Das Naturrecht zeigt uns das zu erstrebende Ziel ; die positiven Gesetze zeigen uns für das Streben des Zieles die richtigen Mittel. Ist da nicht ein harmonisches Verhältnis zwischen den beiden Rechten, und zwar bei Wahrung des Eigenseins, der Selbständigkeit beider Rechte ? Ist es da nicht auch klar, daß das Naturrecht Grund und *Maßstab* des positiven Gesetzes ist ? Denn wenn ich bei der Wahl der Mittel zum Ziele, das Ziel nicht als Richtschnur und Maßstab habe, sind die Mittel nicht bona, nicht Mittel zum Ziele [1].

3. Das Naturrecht widerspricht dem Rechtsbegriffe.

Wahres Naturrecht setzt zwei Dinge voraus : daß es gewisse *Eigenschaften* besitzt, die dem positiven Rechte nicht zukommen und daß es sich auf eigene *Rechtsquellen* berufen kann (408). Das ist rechtsphilosophisch notwendig. Beides fehlt dem Naturrecht, also ist es unhaltbar (409).

Als spezifisch eigentümliche **Eigenschaften** werden dem Naturrechte zuerteilt, daß es *ewig, allgemein, notwendig* und daher ein *Recht an sich* sei (410).

Ewig - allgemein! Es gibt kein Recht, das « keinerlei Stoff, der nicht durch Zeit, Raum und zahlreiche Abhängigkeiten bedingt wäre », regelt, weil es solchen Gegenstand gar nicht gibt (441). Das Recht ist nicht « über den Menschen und Dingen », sondern « für die Menschen » (113) und daher auch verschieden je nach Nation (414), Tatsachen und Handlungsweisen (415). Es gibt nichts räumlich-

[1] Diese ganze Lehre findet der Leser in zwei Artikeln des hl. Thomas : I-II 95, 2 u. I-II 94, 2.

zeitlich *Bleibendes* — Beharrendes (416-17), auch nicht bezüglich der Gefühle und des Strebens der Menschen in den verschiedenen Zeiten (419-425). — Und dann *notwendiges* Recht! Und Recht an sich! Das ist mit dem « nachgiebigsten Rechtsbegriff unvereinbar » (426). Alles Sittliche ist frei (428)! Naturgesetze sind notwendig, aber im Rechtsgebiete ist Notwendigkeit eine Contradictio in adiecto (429), denn keine Tatsache und Tatsachenverbände sind notwendig (432-33), auch nicht das sog. ideale Recht. Alles ist relativ und subjektiv (434-39).

« Und die **Rechtsquellen** des Naturrechts! » Die Naturrechtler müssen eine Macht, Instanz nachweisen, wovon sie die Vorschriften des Naturrechts ableiten (441). Sie nennen ganz verschiedene: *Natur, Vernunft, Sittlichkeit, göttliche Vorschrift, Rechtsgefühl, Rechtsidee* (442), die doch auch dem positiven Gesetze zugrunde liegen, die doch so verschieden genommen werden, bald objektiv, bald subjektiv, die nur Rechtsmotive, aber nicht *Geltungsgründe* des Rechts sein können (444). Und die Menschennatur (!), die in Plato, Goethe und einem Eskimo so verschieden ist (448)! Übrigens sind Vernunftsätze noch keine Rechtsgesetze; das Wörtchen « Recht » ist da erschlichen; sie sind ohne Beziehung zum Handeln. Kurz und gut gesagt: « in dem *Subjektivismus* sitzt der unverwüstliche Erreger der ganzen Naturrechtslehre » (452), indem man « *sich selbst zum rechtsproduzierenden Subjekte, zum Gesetzgeber* » aufwirft (453). Alles ist « Gefühl », « Bewußtsein », ohne einen allgemeinen, objektiv existierenden Trieb (455-57). Bergbohm lehnt vor allem jede überirdische Macht ab, die etwa die Rechtsidee in die Seele eingepflanzt hätte. Das wäre Metaphysik, betont er (458 ff.). Es bleibt also dabei: jedes Recht außer dem positiven ist « schlechthin ein Nonsens » (479).

Zwei Fragen sind also hier von uns zu prüfen: Sind die dem Naturrecht eigentümlichen Eigenschaften: ewig, allgemein, notwendig, dem wahren Rechtsbegriffe widersprechend? und ferner: Hat das Naturrecht keine soliden Rechtsquellen?

Zur ersten Frage! Vorerst die Bemerkung: wir reden hier noch nicht von dem letzten, tiefsten Grunde der drei Eigenschaften, von Gott, den Bergbohm zum voraus so energisch ausschaltet. Davon an anderer Stelle im Art. über die Unveränderlichkeit des Naturrechts. Wir fragen hier vorerst nur: was bedeutet hier das: « ewig », « allgemein », « notwendig »? Antwort: es ist hier nur von *negativer* Ewigkeit [1],

[1] Vgl. dazu I 10, 3 u. I. C. G. 15.

Allgemeinheit, Notwendigkeit die Rede, die *allen Wesenheiten* als solchen zukommen, d. h. die Wesenheit an sich besagt nichts von Zeit und Raum = ewig, nichts vom Einzelnen = allgemein, nichts vom Zufälligen = notwendig. Also : das Wesen des Naturrechts ist ewig, will sagen : es besagt nichts von Zeit und Raum = ewig, nichts von Diesem und Jenem = allgemein, nichts vom Zufälligen = notwendig. Aber wenn es so ist, dann steht es über Zeit und Raum und umfaßt potenziell alles Zeitlich-Räumliche und logisch alles Einzelne und wieder logisch alles Zufällige. Das ist allen Wesenheiten an sich eigen. Dabei ist es allen Ideen in der *praktischen Ordnung* eigen, daß sie eine *Beziehung zur Tätigkeit* besagen [1]. Somit haben wir aristotelisch die Formel : *die von der Vernunft geleitete Menschennatur oder Wesenheit strebt an sich in allem Zeitlich-Räumlichen, in allem Einzelnen und Zufälligen zu Ein- und Demselben, nämlich zum Guten schlechthin* [2], in welchem Streben die übrigen höheren Prinzipien des Naturrechts enthalten sind [3]. Ist das nicht wahr ? Kann jemand zum Übel, zum Unglück streben ? Strebt nicht jedermann, zwar wollend, aber nicht frei, sondern notwendig zur Glückseligkeit, selbst der Selbstmörder ? Wie unwahr ist es daher, wenn Bergbohm behauptet, es gebe in der Sittenordnung keine *notwendigen* Gesetze ! Schon das oberste aller Gesetze : der Mensch strebt zum Guten, ist notwendig, und ihm folgen die mit Notwendigkeit abgeleiteten Prinzipien, die dann allerdings nicht *alle*, von *allen* und zu *jeder* Zeit infolge der Gebrechlichkeit des Menschen erkannt werden [4]. Alle naturrechtlichen Sittengesetze sind innerlich notwendig, werden aber, insofern sie sich nur auf Mittel zum Ziele beziehen, *frei* erfüllt.

Es gibt also ein *ewig-allgemein-notwendiges* Naturrecht ! Wie konnte Bergbohm das leugnen ? Das kam daher : er leugnete das *Universale in re*, jedes *sachlich-begründete Allgemeine.* Daher seine Furcht vor *Metaphysik!* Daher seine These : es gibt nichts *Bleibendes, Identisches* in den verschiedenen, konkret singulären körperlichen Einzeldingen ; es gibt mit einem Worte nur *Werden.* Nehmen wir an,

[1] I-II 94, 2.

[2] I-II 94, 2 ; 93, 4.

[3] I-II 94, 4. Hierin liegt die sog. « *Rechtsidee* », und insofern der Mensch dieser Erkenntnis spontan sich bewußt wird, das sog. « *Rechtsbewußtsein* ». Doch wird mit diesen Ausdrücken viel Unfug getrieben.

[4] I-II 94, 6. Die Frage : *wann* die Vernunft bezüglich untergeordneter Naturprinzipien irren kann, wird später eingehender behandelt.

es sei so, was folgt dann logisch? Daß auch das «Werden» ewig wechselt, nie *dasselbe* ist, d. h. Werden = Nichtwerden. Und dann? Daß es auch kein konstantes Werden gibt. Und dann was? Dann fällt auch das ganze Gedankengebäude Bergbohms. Dann ist der *Subjektivismus*, den Bergbohm den Naturrechtlern in die Schuhe schiebt, unausweichliche Folge! Fürwahr, wer in einem solchen Glashause sitzt, sollte sich hüten, mit Steinen um sich zu werfen!

Damit ist die zweite Frage von den *Rechtsquellen* im Grunde auch schon gelöst. Bergbohm frägt nach der *Macht* und Instanz, von der das Naturrecht seine verpflichtenden Vorschriften ableitet. Gibt es im Einzelnen, in Familie und Staat, eine *größere, tiefer* greifende Macht als die *Hinordnung zu Glück und Wohl?* Ist sie nicht die Wurzel und Quelle aller Rechte und Pflichten, die Rechtsquelle aller Rechtsquellen!

Der Leser vergebe mir die langen Ausführungen über Bergbohm. Aber da sein Werk schwer erhältlich und in ihm alle Fäden einer ernsten und vielseitigen Opposition gegen das Naturrecht zusammenlaufen, hielt ich das Geschriebene für notwendig!

Art. 3.

Die Existenz des Naturrechts.

Die Beweisführung für die Existenz des Naturrechts ist deswegen schwierig, weil sie in *etwas verankert* sein sollte, das die positive Gesetzgebung fundamental voraussetzt und von derselben gar nicht erreichbar ist. Nur den Nachweis liefern, daß im einen und andern Falle die positive Gesetzgebung noch ein anderes Gesetz voraussetzt, ist eigentlich nicht ein vollkommener, sagen wir eindeutiger Beweis für die Existenz des Naturrechts. Es sollte bewiesen werden, daß positive Rechtsetzung *schlechterdings unmöglich ist* ohne Naturrecht. Ohne das bleibt das Naturrecht immer nur ein « Lückenbüßer ». Verbinden wir unsere Beweisführung mit einer merkwürdigen Tatsache, die für die Beweisführung selbst eine ganz vortreffliche Einführung, gleichsam Plattform sein wird.

1. Die merkwürdige Tatsache.

Was wirklich naturverbunden ist, das ist stark und mächtig. Es kann durch menschliches Wissen und Wollen zwar vergewaltigt werden, lebt aber doch fort, rächt sich selbst und ist schließlich siegreich, *unausrottbar !* Heinrich Rommen hat 1936 ein Buch veröffentlicht : « Die ewige Wiederkehr des Naturrechts ». Er wies auf die merkwürdige Tatsache hin, von der wir reden. Er zeigte, wie nach dem Rechtspositivismus von Hobbes das Naturrecht wieder auflebte [1]. Gewiß waren die Hauptvertreter der berühmten *Historischen Schule:* Freiherr C. von Savigny, Hugo, Eichhorn und Puchta, Gegner des Naturrechts. Doch war ihre Opposition gegen letzteres veranlaßt durch das unhaltbare individualistische Naturrecht, während sie das aristo-

[1] A. a. O. 101 ff. Dazu auch *V. Cathrein* S. J., Moralphilosophie (3. Aufl. 1899), Bd. I, 441.

telische überhaupt nicht kannten [1]. Opfer ähnlicher Ignoranz der thomistischen Philosophie war bekanntlich auch R. v. Ihering, der klagte, er hätte sein Buch: « Der Zweck im Recht », überhaupt nicht geschrieben, wenn er die Philosophie des Thomas von Aquin gekannt hätte [2]. Ohne Zweifel hat die sog. *empirische* Rechtsschule, welche, unter Führung Bergbohms mit A. Merkel, K. Binding, E. Neukamp, Laband, Jellinek, Windscheid, Gierke, F. v. Liszt und vielen anderen [3] jedes Naturrecht fast leidenschaftlich verwarf, zeitweilig einen großen Einfluß gehabt. Aber das Naturrecht lebte wieder auf, nicht bloß in den Institutiones iuris naturalis von Th. Meyer, Costa Rosetti, Taparrelli, Schiffini, sondern auch in andern Lagern, auch bei Nicolai Hartmann [4]. Etwas boshaft bemerkt Rommen: « Hätte K. Bergbohm, etwa um 40 Jahre später, seine Jagd auf das Naturrecht wiederholt, er wäre erschrocken vor so viel neuen Camouflagen des Naturrechts. Es ist offenbar etwas Unbesiegliches und Ewiges um jenen geistig-sittlichen Ideengehalt, den man Jahrtausende hindurch Naturrecht genannt hat ... Es gibt nicht viele Begriffe, die so viel Vergewaltigung leiden mußten, sicherlich aber auch wenige, die eine so stolze und große Tradition und Vergangenheit haben und so viel Zukunft, wie der Begriff Naturrecht » [5]. Merkwürdige Tatsache!

Aber das « Merkwürdigste » haben wir noch nicht gesagt. Die Naturverbundenheit des Naturrechts besteht darin, daß *auch die Gegner des Naturrechts stetig wieder Naturrecht trieben,* gleichsam naturgezwungen. Ist das wahr oder nicht wahr? Könnten wir für diese Behauptung einen unparteiischeren Zeugen anrufen als Karl Bergbohm, dem wir auch hier danken für seine interessanten Berichte? Thomas Hobbes sogar, so berichtet er, hätte in seinem De Cive 20 natürliche Rechtsgebote aufgezählt (164 [18]). Ähnliches wäre zu sagen von den Gegnern des Grotius und Pufendorfs im 17. Jahrhundert, nämlich von Selden, Alberti, Kestner und den Widersachern Chr. Wolfs: Desing, Buddeus, Crusius (164). Auch Montesquieu hätte bei seiner Betonung der absoluten Relativität des Rechts das Naturrecht leugnen müssen, tat es aber nicht (167). Logisch waren bei ihrer skeptischen Haltung

[1] *Rommen,* a. a. O. 128 ff.; *Cathrein,* a. a. O. 444; *A. M. Weiß* O. P., Apologie des Christentums (3. Aufl.), Bd. IV, 198.

[2] *Rommen,* a. a. O. 134.

[3] Vgl. *Bergbohm,* a. a. O. 28.

[4] *Rommen,* a. a. O. 154.

[5] Das. 151.

gegen das Naturrecht auch die Hume, Helvetius und J. J. Moser nicht (167-168). Unter dem Einflusse des Ausrufs Voltaires : « Verbrennt eure Gesetze und macht deren neue », entstand nur wieder ein neues Naturrecht, das der bloßen Menschenvernunft (170-171). Von Herbart, Fr. J. Stahl und selbst Hegel, sagt Bergbohm : « Ein untilgbarer Tropfen naturrechtlichen Öls haftet ihnen allen an » (179). Und weiter : « Hegelianer, Herbartianer, Krauseaner usw. werfen wohlgemut nach allen Seiten mit Steinen um sich, obwohl sie samt und sonders im selten geräumigen Glashause 'Naturrecht' sitzen » (179-180). Und hat nicht damals die Naturrechtslehre den größten Triumph gefeiert in den *Gesetzbüchern,* so im Badischen Landrechte von 1809 und in dem Österreichischen Bürgerlichen Gesetzbuche von 1811, die dem Richter gestatteten, für den Fall, daß ihn alle sonstigen Entscheidungsmittel verlassen, auf die « natürlichen Rechtsgrundsätze » zu greifen (181-183). Selbst Juristen : wie Feuerbach und Thibaut, waren im Naturrecht befangen (186). Jos. Kohler [1] und Max Ernst Mayer [2] haben seiner Zeit behauptet, die historische Schule Savignys hätte das Naturrecht zertrümmert. Haben nicht auch die Anhänger der berühmten Historischen Schule unbewußt und gegen ihren Willen wieder Naturrecht getrieben ? Bergbohm ist nicht allein, wenn er von Savigny und den Seinen behauptet, sie hätten « von dem Unkräutlein Naturrecht noch eine schwere Menge miteingefahren » (484) [3]. Jedenfalls war die Zertrümmerung des Naturrechts durch die « Historiker » nicht sehr ernst, denn es folgte, wie Bergbohm jammernd klagt, in seiner Zeit gleich wieder eine wahre « Blüte » des verhaßten Naturrechts. « Die Literatur der ganzen Kulturwelt ist von Naturrecht durchsetzt », klagt er (233). Er hat sogar einen Gelehrten-Katalog seiner Zeit angefertigt und nachgewiesen, daß nach dem angeblichen Sieg der Historischen Schule in der Zeit von 1840-1871 nicht weniger als 95 Gelehrte als Naturrechtler auftraten, dann 60 weitere von 1871-1880 und 62 von 1881-1891 (353-354). Untödliches Naturrecht ! In der Folgezeit suchte man allerdings vielfach den Namen des Kindes zu verschweigen. Mit welchem Erfolge ? Der erste Artikel in unserem Schweiz. Zivilgesetzbuch von 1907 : « Jedermann hat in

[1] Lehrbuch der Rechtsphilosophie, 6.

[2] Rechtsphilosophie. Berlin 1922, 11.

[3] Von Savigny sagt Bergbohm, daß er selbst noch bis ans Herz im Banne des Naturrechts stecke. 120.

der Ausübung seiner Rechte und in der Erfüllung seiner Pflichten nach *Treue* und *Glauben* zu handeln. Der offenbare Mißbrauch eines Rechts findet keinen Rechtsschutz », kann, wie auch bewährte Juristen sagen, nur naturrechtlich interpretiert werden. Auch Sätze, wie Eugen Huber sie in seinem « Recht und Rechtsverwirklichung » hat : « Die Menschen sind ihrer *Natur* nach zum Leben und der Gemeinschaft bestimmt » [1], und : « Als von Natur gegebene Gemeinschaft ist vor allem die Gemeinschaft von Mann und Frau . . . » [2], können nicht anders als naturrechtlich erklärt werden. Sie klingen übrigens eminent aristotelisch. Walter Burckhardt, in Bern, wollte gewiß nicht Naturrechtler sein. Und doch war er es, wie Staatsrat Piller hervorhob. Seine Idee des « Guten », als « höchste Norm alles Rechts » [3], kommt sogar der thomistischen Auffassung des Naturrechts sehr nahe. So ist es ! Man will nicht Naturrechtler sein und ist es doch ! Und, was sollen wir erst sagen, wenn Neukamp sogar unseren Bergbohm, den bittersten Gegner und Verfolger des Naturrechts, der anderen ihre Selbstwidersprüche ins Gesicht warf, auch noch auf « naturrechtlichen Pfaden » ertappt haben will ! [4] Fürwahr ! Geschichtlich war der Naturrechtsgedanke einfach *unausrottbar !* Wir begreifen also Bergbohm, wenn er in der Verzweiflung ausruft : « Alle Menschen sind geborene Naturrechtsjuristen » (122). Ist das nicht tiefsinnig und schon ein schlagender Beweis für die Existenz des Naturrechts ?

Das bewog die Gegner, nach Gründen zu suchen, gleichsam nach Entlastungsursachen der « ungeheuren » Wirkung, wie Max Ernst Mayer sagt, des Naturrechts [5]. Bergbohm selbst sucht den « Zauber » des Naturrechts zu erklären als Reaktion gegen die neu aufblühende rein mechanische Naturerklärung und als Bestreben, die menschliche Natur

[1] A. a. O. 134.

[2] Das. 135. Dazu rechne ich auch die folgenden Sätze bei Eugen Huber : « Der Mensch lebt notwendig und ausnahmslos im Rahmen irgend einer Gemeinschaft » (157) ; « . . . wenn die menschliche Natur nicht selbst aus ihrem Wesen heraus und gemäß ihrer Veranlagung die Gemeinschaft zu bilden hätte . . . » (257). Dazu auch 161. Ein bloßes Kollektivbewußtsein rechtfertigt die obige Sprache kaum. Im Übrigen ist Huber ein sehr besonnener Gegner des Naturrechts, wie verschiedene Bemerkungen beweisen. Vgl. 304, 415-416.

[3] Vgl. L'Etat et le Droit. Verhandlungen des Schweizer. Juristenvereins (1939, Heft 2, 192). Ferner derselbe : Die Organisation der Rechtsgemeinschaft. Basel 1927, 241-242. Dazu Zeitschrift für Schweiz. Recht (1931, Heft 5, 310).

[4] Einleitung in die Entwicklungsgeschichte des Rechtes (1895), 29, zitiert bei *Cathrein*, a. a. O. 443.

[5] Rechtsphilosophie, 9.

zu rehabilitieren (196-97 u. 199). Aber spricht nicht auch das wieder zugunsten des Naturrechts ?

In Tat und Wahrheit liegt der Grund ihrer Widersprüche mit sich selbst und mit dem Zeugnis der sana ratio — der gesunden Menschenvernunft — in ihrer **irrigen Weltanschauung.** Nur der philosophische *Realist* kann *wissenschaftlich* und in voller Harmonie mit Geschichte und gesundem Menschensinn das Dasein des Naturrechts erklären und beweisen. Ich denke, die merkwürdige Tatsache vom geschichtlich unausrottbaren Naturrecht und vor allem das Bekenntnis der Gegner, daß jeder von *Hause aus* ein Naturrechtler ist, hat unsere Beweisführung trefflich vorbereitet.

2. Die spekulativen Gründe für die Existenz des Naturrechts.

Wir werden gewiß nicht alle diese Gründe namhaft machen, aber in erster Linie den tiefsten, und in Unterordnung unter diesen mehrere andere.

Das historisch unausrottbare Naturrecht ist im tiefsten Wesen des Menschen verankert. Unleugbar strebt der *Mensch zur Glückseligkeit, dem Guten als solchen, als höchstem Ziel.* Daher das höchste Moralprinzip : Das Gute ist zu wollen, das Böse zu meiden, « bonum est faciendum, malum vitandum » [1]. Hat nicht schon der Stagirite den Satz an die Spitze seiner Nikomachischen Ethik gesetzt : Des Guten wegen geschieht alles : « τἄγαθόν οὗ πάντα ἐφίεται » [2]. Welche Eigenschaften besitzt dieses herrliche Prinzip ? Erstens : es ist *unleugbar,* denn wer immer es leugnet, bejaht es in der Leugnung wieder, und würde jemand die These aufstellen : Ich will das « Übel », so würde er im Übel wieder sein Glück suchen ! Zweitens : es ist *allgemein,* denn alles, was der Wille will, will er immer unter dem Blickpunkte des Guten an sich, seines Glückes wegen [3]. Allgemein ist es auch in dem Sinne, daß es *allen* Menschen eigen ist. Drittens : es ist *notwendig* gewollt, denn wenn der Mensch überhaupt etwas will, *muß* er sein Glück wollen [4]. Diese Ureinstellung des Menschen kennt auch noch keinen *Irrtum,* keine *Freiheit,* weil sie naturnotwendig ist [5]. — Wie

[1] I-II 94, 2.
[2] I. Eth. Nic. c. 1.
[3] I-II 3, 1 ; II-II 1, 3.
[4] I 105, 4 ; 106, 2 ; I-II 9, 6 ; 10, 1.
[5] I-II 10, 1 ; I 19, 3 ; I. C. G. 80.

verhält sich nun dieses höchste Naturprinzip, das alle anderen enthält, zum *positiven Gesetz* und zur positiven Gesetzgebung? — Es hat an sich damit *gar nichts* zu tun, denn: Das positive Gesetz setzt das höchste Ziel bereits voraus und beschäftigt sich nur mit den *frei zu wählenden Mitteln zum Ziele*, d. h. es beschäftigt sich nicht mit dem « bonum an sich », sondern den bona particularia. Oder, frage ich den Leser, *wie könnte der positive Gesetzgeber durch ein erstes positives Gesetz, das schon eine Willenskundgebung wäre, das höchste Ziel des Willens, das dem Willen überhaupt erst das Wollen gibt, regeln?* Ist das « Glück » als höchstes Ziel nicht auch schon für den positiven Gesetzgeber selbst innerlich notwendig erstrebenswert? Dagegen geht aus dem Gesagten logisch hervor, daß jedes positive Gesetz notwendig vom Naturgesetz abhängt [1], und daß keine Behörde und kein Richter befugt ist, sich über das Naturgesetz und Naturrecht hinwegzusetzen [2]. Somit hätten wir also hier bereits ein naturrechtliches Prinzip, das *allgemein* — *unleugbar* — *notwendig* ist und ohne das die positive Gesetzgebung *schlechterdings unmöglich ist!*

Wir werden von *der Ableitung* anderer Naturprinzipien vom obersten anderswo genauer handeln. Eigentlich ist unser Problem ein ganz eminent *metaphysisches*. Daher das Hurrageschrei gegen das Naturrecht! Metaphysisch ist die Frage, weil ihre Lösung von den *Wesenheiten* der Dinge, genauer der Wesenheit des Menschen abhängt. Der Mensch ist ein *vernünftiges Lebewesen*, oder dann ist er überhaupt nicht Mensch. Das gilt auch für die antimetaphysischen « Hurraschreier ». Daraus gerade haben wir oben das höchste Naturrechtsprinzip dargelegt; denn weil der Mensch ein vernünftiges Lebewesen ist, erkennt er das Gute als solches und strebt unausrottbar zu ihm als Ziel. Die vernünftige Menschenwesenheit oder Naturanlage gibt ihm also jene tiefste Tätigkeitshinordnung zur Glückseligkeit als Ziel.

Folglich ist nicht die Tätigkeitshinordnung das Erste und Tiefste, sondern die *Seinshinordnung*, nach dem Axiom: Operatio sequitur esse! Und folglich gibt es im Menschen so viele höchste Tätigkeitshinordnungen, als es in der menschlichen Natur verschiedene *bestimmte* Seinshinordnungen gibt [3]. Diesen Gedanken hat Thomas in III. C. G.

[1] I-II 95, 2. [2] II-II 60, 5.

[3] « Quorumcunque est natura *determinata*, oportet esse *operationes determinatas*, quae illi naturae conveniant: propria enim operatio uniuscuiusque naturam ipsius sequitur. Constat autem hominum naturam esse determinatam. Oportet igitur operationes esse aliquas *secundum se* homini convenientes ». III. C. G. 129.

c. 129 all seinen Beweisen für die Existenz eines Naturrechts zugrunde gelegt, ein Kapitel, das auch Thomisten zu wenig berücksichtigten. Nun ist der Mensch seiner Natur nach ein *Sinneslebewesen;* also hat er von sich aus, von Hause aus = naturrechtlich das *Recht, zu leben* und auch *zu essen* und *zu trinken.* Oder kann etwa ein positives Gesetz dieses Seinsrecht ihm geben, da es keineswegs über Leben und Nichtleben irgend eine Gewalt hat? Wiederum ist der Mensch seinem Wesen nach ein *denkfähiges Wesen.* Das *Recht, zu denken* und die Pflicht, zu denken, hat der Mensch offenbar nicht von irgend einem positiven Gesetzgeber oder Gesetze, da dasselbe zwingbar den inneren Menschen überhaupt gar nicht erreicht [1]. Es ist ein Naturrecht! Wiederum: seiner Natur nach ist der Mensch ein *frei-wollendes Wesen.* Das positive Recht kann wohl Äußerungen des freien Wollens regeln oder auch unterdrücken, wenngleich sehr unvollkommen. Aber an sich erreicht es dieses innere Leben wieder nicht. Es ist unwidersprochen ein Hausrecht, ein Naturrecht. Weiter, kann, wie Thomas so treffend sagt, kein positives Gesetz bestimmen, was bezüglich Essen und Trinken und Sportübungen dem Einzelnen *nützlich* oder *schädlich* ist. Die jeweilige Natur des Einzelnen bestimmt das allein [2]. Von Hause aus ist jeder Mensch ein *soziales Wesen* [3], weil er nur aus der sozialen Verbindung zweier Menschen entsteht und nur im Kreise anderer wachsen, leben und sich ausbilden kann. Wird etwa ein positives Gesetz das ändern können, etwa, daß der Mensch nicht mehr aus der Verbindung zweier Menschen entsteht? Aber, bitte, so was wird doch das positive Gesetz nicht versuchen! Das wäre doch « Unsinn » und daher « unvernünftig ». Warum Unsinn? Warum unvernünftig? Da im gegebenen Falle das positive Gesetz erst selbst bestimmt, was « Unsinn » und « unvernünftig » und « vernünftig » ist!

Das alles ist nur Weniges aus Vielem, was wir zugunsten der Existenz eines Naturrechts anführen wollten. Vom Rechte der *Selbsterhaltung* [4], das bei Einzelnen und Völkern oft eine so furchtbare Rolle spielt, vom Rechte der *Selbstverteidigung,* das jedem Schulbuben so bekannt ist, haben wir gar nichts gesagt. Auch nichts von den *fatalen Folgen,* die aus dem Rechtspositivismus sich ergeben müßten, z. B.

[1] « Homines ex divina providentia sortiuntur *naturale iudicatorium rationis* ut principium propriarum operationum ». Ibid.

[2] Ibid. [3] Ibid. [4] Ibid.

daß man dann dem fluchwürdigsten Gesetze Gehorsam schuldig wäre, was selbst Bergbohm einiges Kopfzerbrechen bereitete (144 u. 222) [1].

Da unsere Auffassung vom Naturrecht in der *Seinsordnung* verankert ist, muß auch die in Naturrechtsfragen leitende *Menschenvernunft* an die Seinsordnung sich halten, d. h. die recta ratio ist nicht unabhängig; sie macht das Recht nicht selbst [2]. Sie ist eine mensura, ein Maßstab, der selbst wieder gemessen ist von den Dingen, zuletzt, wie wir sehen werden, von der Ratio divina. Das alles entspricht der ganzen aristotelischen Erkenntnislehre und der unumstößlichen Tatsache, daß unser Menschenverstand, spekulativ und praktisch, in erster Linie *passiv*, den Gegenstand aufnehmend, voraussetzend und empfangend ist, nicht ihn schaffend und ihn hervorbringend. Das ist der Damm gegen den *Rechtssubjektivismus*. Das ist gleichzeitig der Grund, warum alles positive Recht am Naturrecht gemessen werden muß, das seinerseits wieder an der ewigen göttlichen Weisheit gemessen ist [3]. Nur so ergibt sich *Harmonie* zwischen den drei Rechtssphären: der menschlich-positiven, der naturrechtlichen und der göttlichen!

Zum Schlusse dessen, was wir hier über die Existenz des Naturrechts geschrieben, bitten wir den Leser, das Bild einer teuren, braven Mutter vor seine Seele treten zu lassen. Was diese brave Mutter, bei Tag und bei Nacht, in Freud, Leid und Tränen, bis sie vielleicht eines Tages am Sarge ihres Lieblings steht, ihrem Kinde gegenüber an Rechten und Pflichten ausübt, kann kein positives Gesetz vorschreiben. Und sie würde ihre Rechte verteidigen gegen jede Gewalt. Sie sind nur eingeschrieben in ihrem *wunderbaren Mutterherzen!*

[1] Die Ansicht des hl. Thomas über diese Frage ist klar in II-II 60, 5 ad 1 ausgesprochen. Wie *Cathrein* a. a. O. 439 [1] richtig gegen Gierke betont, hat er nie einem ungerechten Gesetze formelle Gesetzeskraft zuerteilt.

[2] I-II 95, 2.

[3] I-II 93, 1, 3 u. 4.

Art. 4.

Naturrecht und Trennung von Recht und Moral.

Die logische Entwicklung falscher Prinzipien kennt keine Schranken. Sie geht ihre Wege gegen den Willen der Menschen, sogar gegen den Willen jener, welche die falschen Prinzipien vielleicht in guter Absicht und guter Treue aufgestellt haben. Dafür leistet uns die Entwicklung der Naturrechtslehre in der modernen Zeit den evidenten Beweis.

Samuel *Pufendorf* (1632-1694), und Christian *Thomasius* (1655-1728), waren unseres Wissens die ersten, die Recht und Moral *trennten*; wir betonen « trennten », nicht bloß « unterschieden », wie Ahrens sich ausdrückte[1]; denn die bloße Unterscheidung ist vollberechtigt, wie wir dartun werden. Über Pufendorfs Stellung sind wir hauptsächlich durch einen Brief des edlen Leibniz unterrichtet, den letzterer an einen Freund schrieb und den Pagenstecher publizierte[2], und worin er Pufendorf nicht bloß vorwarf, er hätte von Naturrecht überhaupt nichts verstanden[3], sondern vor allem, er hätte infolge der Trennung von Moral und Recht die inneren Rechte und Pflichten vernachlässigt und das Recht veräußerlicht[4]. Dieselbe Ansicht trug, wenigstens anfänglich, in seinen Institutiones iurisprudentiae divinae, auch Thomasius vor[5].

Aber was besagt denn eigentlich diese Trennung des Rechts von der Moral? Worin besteht diese angeblich so fatale Trennung von Recht und Moral, besser würden wir sagen *Ethik*? Offenbar faßt man die Ethik in verschiedenem Sinne auf.

[1] A. a. O. 101-102.

[2] Vgl. *Hinrichs*, Geschichte der Rechts- und Staatsprinzipien, Bd. II, 89.

[3] « Quod nec finem obiectumque nec causam efficientem iuris naturae recte constituisse auctor videatur ». *Hinrichs*, das. 90.

[4] Das. 91.

[5] *Hinrichs*, Bd. III, 146 ff. *A. M. Weiß*, a. a. O. 218 ff.

Die eine Auffassung, welche die *Einheit* wahren will, geht dahin: Die natürliche Ethik orientiert uns über das letzte natürliche Ziel und den Weg zu ihm. Höchstes natürliches Ziel ist Gott. Gottes Dasein und seine wesentlichen Eigenschaften werden da aus der Metaphysik als bewiesen vorausgesetzt. Deshalb hat diese Auffassung, wie Trendelenburg ganz richtig gesagt, eine metaphysische Unterlage [1]. Der Weg zum Ziele umfaßt die ganze *innere* und *äußere* Hinordnung zum Ziele, durch freies tugendhaftes Handeln. Folglich umfaßt diese Auffassung, das Naturrecht als Grundlage vorausgesetzt, die ganze positive Rechtsordnung, insofern sie sowohl das *äußere* als *innere* Verhalten regelt. Folglich umfaßt sie auch als Teil die Regelung der *rechtlichen* Beziehungen zum Nächsten, wie sie durch die verschiedenen Arten der *Gerechtigkeit* vorgeschrieben werden, d. h. sie umfaßt die ganze innere und äußere *Rechtsordnung*, also die Moral. So ist Einheit da! Die Freunde der *Trennung* wollen die Rechtsordnung von der Ethik *unabhängig* und losgelöst auffassen, sodaß die ganze Rechtsordnung für sie wesentlich nur in einem *äußeren positiven Zwangsrechte* bestünde. Die Folge hievon ist, daß, wer im Besitze eines richtig gegebenen Gesetzes ist, d. h. ein rein legales oder formales Recht besitzt, handeln darf, auch wenn das betreffende Gesetz *objektiv* ungerecht ist, respektiv kein *materielles* Recht da ist, weil die Grundlegung in der sittlichen Ordnung abgeht. Der Bruch oder die Trennung besteht somit in einer *völligen Veräußerlichung des Rechts* und der Rechtsverpflichtung.

Aus dem Gesagten ist klar, daß eine Trennung von Moral und Recht viel mehr ist als eine bloße *Unterscheidung* beider, die auch wir befürworten. Das positive Recht, wie es hier genommen wird — im Gegensatz zum Naturrecht — ist nur ein kleiner Teil der Ethik; denn außer den *rechtlichen* Beziehungen zum Nächsten, welche eben die Gerechtigkeit durch positive Gesetze ordnet, hat die Ethik es noch zu tun mit unzählig anderen Verpflichtungen gegen Gott, gegen sich selbst und den Nächsten [2].

Niemand, sagt A. M. Weiß, der verdienstreiche Apologet [3], hat sich für diese Trennung schroffer eingesetzt als *E. Kant* [4]. Nach ihm J. Gott-

[1] Naturrecht auf dem Grunde der Ethik, 22.
[2] II-II 58, 2.
[3] A. a. O. 220.
[4] *Kant*, Religion innerhalb der Grenzen der Vernunft, 3. Stück, 1. Abth. II.

lieb *Fichte*. Das Recht ist völlig unabhängig von der Moral [1]. Und ihm folgt *Hegel*, der auf Grund dieser Trennung den Staat zur absoluten Quelle des Rechts machte, da nur er das Recht mit vollem Zwangscharakter durchsetzen kann [2]. Das alles ist für die moderne Rechtslehre doch recht beschämend, da im Altertum ein Sokrates Gesetzlichkeit und Gerechtigkeit für ein und dasselbe erklärt hatte [3], und ein Aristoteles, seine Nikomachische Ethik auf die Metaphysik aufbauend, kein Staatsgesetz anerkennen wollte, das nicht *sachlich* begründet wäre [4]. Von den Römern wissen wir, wie Cicero darüber dachte, und Papinian hatte bekanntlich erklärt, daß nie etwas recht und erlaubt wäre, das der Frömmigkeit, Ehre und Scham widerspräche [5]. Allerdings hat auch schon das römische Rechtsbuch, der Staatsomnipotenz huldigend, in die wahre Rechtslehre eine Bresche geschossen [6]. Nihil novi sub sole, gilt auch für die Rechtsgeschichte!

1. Das Naturrecht und die Einheit von Ethik und Recht.

Prüfen wir nun die berühmte « Trennung » vor dem Forum des aristotelisch aufgefaßten Naturrechts.

Grundlegend ist hier die These: Vom Standpunkt des Naturrechts ist eine Trennung von Ethik und Recht schlechterdings **unmöglich.** Das leuchtet dem Leser sofort ein, wenn wir mit Aristoteles und Thomas wiederholen, daß jedes positive Gesetz stets und immer nur eine nähere Bestimmung des Naturgesetzes ist, entweder als Konklusion aus dem Naturrecht oder als eine bestimmtere Anwendung desselben [7], und daß das Naturrecht seinerseits die Grundlage der ganzen natürlichen Sittenlehre ist [8]. Somit hat das positive Gesetz alles, *was es ist*, vom Naturrecht. Es hat von ihm drei Dinge: seine ganze Aufgabe, seine Wirksphäre und seine Wirkkraft.

a) Seine **Aufgabe**: sagen wir, sein Ziel. Ziel der ganzen Ethik ist, den Menschen, und zwar den ganzen, auf Grund des Naturrechts, zum Guten als solchen, zum bonum in communi, zu führen, das nur

[1] Vgl. *Erdmann*, Geschichte der neuern Philosophie III, I 651; *Kuno Fischer*, Geschichte der neuen Philosophie V 599 f.

[2] *Hegel*, Philosophie des Rechts, § 258, 29.

[3] *Xenophon*, Memor. 4, 4, 12 ss.

[4] III. Pol. c. 6 (Did. I 532).

[5] Dig. 28, 7, 15. Vgl. *Weiß*, a. a. O. 212.

[6] Dig. 1, 4, 1.

[7] I-II 95, 2.

[8] Ibid.

in Gott seine Verwirklichung hat [1]. Das Ziel des positiven Gesetzes ist daher auch wieder das Gute als solches, das bonum commune oder die Glückseligkeit [2]. Aufgabe des positiven Gesetzes ist es daher, als Diener der Ethik oder des Naturrechts, das Naturrecht auf die *komplexeren Einzelfälle* anzuwenden, um als Mittel zum höchsten Ziele mitzuhelfen [3]. Diese ganze Aufgabe, ja das ganze Ziel des positiven Gesetzes, wird mit der Trennung *zwecklos*, gegenstandslos, und das positive Gesetz verliert überhaupt die ratio legis. Das alles hat Eugen Huber prägnant ausgedrückt, wenn er sagt: « Das Sittengesetz ist für das Recht von so gewaltiger, alles durchdringender Bedeutung, daß sich von diesem nicht sprechen läßt, ohne jenes heranzuziehen » [4]. Und wiederum sagt derselbe: Sie haben — Moral und Recht — « denselben Gegenstand, sie verfolgen denselben Zweck, sie sind beide auf dasselbe Verhalten und die Gesinnung gerichtet, die unter den Menschen in ihrer Gemeinschaft bestehen sollen » [5].

b) Seine **Sphäre**: Das Naturrecht, als Grundlage der Ethik, umfaßt den ganzen inneren und äußeren Menschen. Als Diener des Naturrechts und nähern Bestimmung des Naturrechts, bzw. der Ethik, muß das positive Gesetz folglich ebenfalls den ganzen Menschen, den inneren und äußeren, erfassen, also auch die Rechtssphäre. « Die menschliche Gemeinschaft, sagt E. Huber, ist das Feld, auf dem sich die Sittlichkeit, wie das Recht nach einer in unserem vernünftigen Bewußtsein ruhenden Idee betätigen ... » [6]. Jene Trennung beraubt somit die Ethik eines Teiles ihres Wirkfeldes, aber auch das Recht, indem es das *Innere der Gerechtigkeit* unberücksichtigt läßt. Die Trennung ist in gewissem Sinne eine verdemütigende Amputation der Ethik und des Rechtes. Und daß die Menschenvernunft, welche das positive Gesetz setzt — denn es ist ja ein dictamen rectae rationis — diese Selbstamputation vollzieht, ist vielleicht das Traurigste an allem.

c) Die **Wirkkraft**. Da das positive Recht völlig vom Naturrecht abhängt, hat es nie Rechtskraft, es sei denn, daß es mit ersterem

[1] I-II 2, 8.
[2] I-II 90, 2 u. ad 3.
[3] I-II 90, 1 u. 2; 91, 3.
[4] Recht und Rechtsverwirklichung, 34. Dazu auch, 29.
[5] Das. 34. Zu dieser Auffassung kam unser gelehrte Schweizerjurist sogar ohne Naturrecht und mit Zitationen aus Kant, der der große Vertreter der Trennung war!
[6] Das. 34 ff.

nicht in Widerspruch steht. Daher die Erklärung des Aquinaten : Wenn das sog. Legalrecht irgend welchen Widerspruch zum Naturrecht enthält, so ist es überhaupt nicht « Recht » : « sed si — legale iustum — aliquid de se repugnantiam habeat ad ius naturale, non potest *voluntate humana* fieri iustum, puta si statuatur, quod liceat furari vel adulterium committere. Unde dicitur Is. 10 : Vae, qui condunt leges iniquas »[1]. Folglich ist nach Thomas bloßes *Formalrecht*, ohne Materialrecht, überhaupt kein Recht : « non enim habet robur ex lege, sed ex *natura* »[2]. Kein positives Gesetz, das etwas sachlich Schlechtes enthält, hat daher irgendwelchen Verpflichtungscharakter : « vim obligandi »[3]. Das ist eine klare Sprache. Wer somit das Legalrecht von der Ethik trennt, beraubt es jeder Wirkkraft.

Damit schließt sich der Ring : Jene Trennung des Rechts von der Ethik ist, thomistisch betrachtet, schlechterdings unmöglich, denn sie beraubt das positive Gesetz seiner hohen *Aufgabe*, verletzt seine *Wirksphäre* und nimmt ihm jede *verpflichtende Autorität.*

Fügen wir dem Gesagten noch einige weitere Reflexionen bei über die berühmte Trennung von Recht und Moral, die Pufendorf und Thomasius lehrten und die von E. Kant, Fichte und Hegel begrüßt und weitergeführt wurde.

Man mag jene Trennung von Ethik und Recht betrachten, wie man will, so erscheint sie einem immer, und zwar auf den ersten Blick, als etwas ganz **Naturwidriges**, fast hätten wir gesagt, « Unmenschliches », wenn dieser Ausdruck nicht mißdeutet würde. Ist es nicht so ? Überall bedeutet jene Trennung einen « Riß » dessen, was einheitlich betrachtet werden sollte, weil es einheitlich ist. Einen Riß besagt jene Trennung *zwischen Ziel* und *Weg* zum Ziele ; denn die Ethik zeigt das Ziel, und jedes Gesetz sollte Mittel zum Ziele sein und ist es doch nicht ; einen Riß zwischen *Innerem* und *Äußerem*, einen Riß zwischen *Höherem* und *Niedrigerem*, zwischen *Erkenntnis* und *Objekt* der Erkenntnis ; einen Riß zwischen *Formalrecht* und *Materialrecht*, zwischen *Sein* und *Sollen*, auch zwischen *Freiheit* und *Zwang*. Liegt nicht etwas Revolutionäres, wie Weiß sagt[4], in jener Trennung, eine Revolution auf dem Rechtsgebiete, die anfänglich unbewußt, später mit dem philosophischen Subjektivismus und Idealismus Seite an Seite schritt und die allgemeine Skepsis auf beiden Gebieten vorbereitete.

[1] II-II 57, 2 ad 2.
[2] II-II 60, 5.
[3] II-II 60, 5 ad 1.
[4] A. a. O. 224.

Wir unterschätzen das **Äußere** in der Gesetzeserfüllung gewiß nicht, auch den *Zwang* nicht. Für die öffentliche gesellschaftliche Erfüllung des Gesetzes, die Allgemeinordnung und die Erreichung des Allgemeinwohles hat das alles seine Bedeutung, wenngleich auch alles das nur sehr unvollkommene Mittel zum Zwecke sind, da der innere Wille unbezwingbar ist und jedes positive Gesetz Lücken offen läßt. *Aber wie soll man das öffentliche Wohl erreichen, das von der Ethik vorgeschrieben wird, wenn man das Gesetz von der Ethik trennt?* Das ist ein Widersinn!

Daher ist und kann die wahre Heimstätte und Quelle des Großen und Menschlichen nur das **Innere** als Ziel des Äußeren sein. Dafür spricht die ganze Kultur- und Weltgeschichte, sprechen all die Großen aller Jahrhunderte, bei Heiden und Christen. Auch der Staat und jede Rechtsbehörde hat *Menschen* zu leiten und zu regieren. Also hat sie *menschlich* zu regieren. Wir betonen : Es liegt in jener Trennung von Ethik und Recht etwas eminent *Menschen-Widriges.* Denn *menschlich* wird eine Handlung erst, wenn sie vor dem inneren Tribunal des freien Willens abgeurteilt wird ; erst dann wird sie auch *sittlich* mit Verantwortung und Pflichtbewußtsein ausgestattet ; im Inneren sitzt auch drittens der erste unbestechliche Richter der Einzelhandlung, das *Gewissen.* Wie groß erscheint uns angesichts dieser modernen Trennung von Recht und Sittenlehre der Heide Sokrates, als er vor die Athener hintrat und in stürmischer Volksversammlung, auf das Gewissen sich berufend, erklärte : Dieses Gesetz ist ungerecht! Und wieder, wenn derselbe vor seinen letzten Richtern das Zeugnis desselben Gewissens als Gottes Stimme anruft. Erreicht das Gesetz nicht das Innere, dann ist es nicht *menschlich,* nicht *sittlich,* nicht *Gesetz,* weil nicht Richtschnur des *vernünftigen menschlichen Handelns.* Jede wahre *Bürgertugend* hat ihre Wurzel nur im Innern, der wahren Werkstätte des gesetzesmäßigen Handelns. Ulpian, der römische Rechtslehrer, hat einst die *Gerechtigkeit,* die das ganze Rechtsleben umfaßt und verwirklicht, beschrieben als bleibenden, unerschütterlichen Willen, jedem das Seine zu geben : « voluntas constans et perpetua ius suum cuique tribuendi » [1]. Hat sich das alles auf einmal geändert ? Was, wenn unsere *Richter* und *Magistraten,* anstatt vom inneren Geiste der Gerechtigkeit beseelt zu sein, nur eine äußere Pharisäergerechtigkeit besitzen, die überall nur durch die Finger schaut ? Was, wenn

[1] Digest. I 1, 10. *Trendelenburg,* Naturrecht, 17.

unsere *Soldaten* nicht vom inneren Geiste der Tapferkeit und der Liebe zum Vaterlande durchglüht sind ? Werden sie dann im Kugelregen standhalten ? Was, wenn sie auch den *Treueid* in diesem Sinne auffassen ? Hat das nicht zur Stunde eine erschütternde Bedeutung für die Auffassung des Rechts ? Und dann die Inkonsequenz bei diesen modernen Staatsrechtlern ! Auf dem Gebiete des *Strafrechts* müssen nämlich alle zugeben, daß der Schuldige nur nach Absicht, Vorsatz und Freiheit, also inneren Kriterien, abgeurteilt werden kann.

Die Trennung von Recht und Sittlichkeit, wir wiederholen es, ist das Grab des *Menschlich-Sittlichen!*

2. Das Naturrecht und die Rechtskollisionen.

Es ist hier noch der Ort, von einer anderen wichtigen Frage zu reden. Man redet viel von sog. Rechtskollisionen, die vor allem bei der eben betonten Einheit von Ethik und Recht fast unvermeidlich erscheinen. Sobald man Ethik und Recht nicht trennt, sondern einheitlich betrachtet, wird man, so wird behauptet, zwischen beiden Gebieten unlösbare Konflikte haben. Eugen Huber, der tapfere Verteidiger der Einheit, hat mehrere solcher Konfliktfragen speziell erwähnt. So im Verhältnis von *Gemeinschaftsrecht* und *Einzelrecht*, wenn sie zueinander in Gegensatz treten [1] ; oder in der Frage, ob unter Umständen *unsittliche Handlungen*, z. B. Lüge, eines größeren Rechtsgutes wegen nicht erlaubt seien [2] ; weiter, wie sich das Gebot : *Du sollst nicht töten*, reime mit der Hinrichtung des Verbrechers [3] ; ferner wie die Frage zu lösen sei, wenn jemand aus sittlichen Motiven die *Wehrpflicht verweigere* [4]. Wir zitieren diese Fälle Hubers nur als Beispiele, ohne auf die von ihm gegebenen Lösungen einzugehen.

Aber wichtig erscheint es uns, vor allem darauf *hinzuweisen*, daß nur das *Naturrecht, dem* und *insofern* ihm alle positiven Gesetze untergeordnet werden, *gewisse und sichere allgemeine Richtlinien für die Lösung* der angeblichen und wirklichen Konflikte zu geben imstande ist. Wir wollen hier einige dieser Richtlinien besonders hervorheben, im Anschlusse an Fragen, die gerade Eugen Huber auch berührt hat.

I. Wer immer ein Naturrecht im richtigen Sinne annimmt, weiß, daß es *an sich gute* und *an sich schlechte* Handlungen gibt, und daß

[1] Recht und Rechtsverwirklichung, 77.
[2] Das. 77. [3] Das. 69. [4] Das. 73.

die letzteren, wie z. B. Lüge, absolut und unter allen Umständen unerlaubt sind [1].

II. Naturrechtlich hat das *Gemeingut* vor dem *Privatgut* den Vorzug [2].

III. Aus dem gleichen Grunde, wie Thomas ausdrücklich sagt [3], sind dem Eigentümer die Waffen nicht auszuliefern, wenn er sie verlangt, um das *Vaterland* zu bekämpfen. — Ungünstig für Landesverräter!

IV. Logisch folgt auch der Satz, von dem wieder viele Konklusionen abhangen: *Weder der Zweck heiligt die Mittel,* noch *die Mittel das Ziel.* Kein Recht berechtigt zum Unrecht.

V. Damit ist engst verbunden die Unterscheidung von *subjektivem Recht* und *Gebrauch desselben.* Auch subjektives, wirkliches Recht, berechtigt noch nicht, dem Nächsten ein Unrecht zuzufügen [4].

VI. Hieher gehört auch, daß das *bloß formale Recht,* ohne materiales Recht, überhaupt kein Recht ist, wie oben gezeigt wurde.

VII. Wichtig ist ferner die These: daß *an sich, naturrechtlich, alle zeitlichen Güter gemein sind,* und die faktische Güterteilung nur positiven Rechts, oder wie die Alten sagten, völkerrechtlich ist [5]. Daraus ergab sich der andere Satz, daß, wer in *extrema necessitate* die Güter, die an sich anderen gehören, als eigentliche Notbehelfe gebraucht, nicht stiehlt [6]. Bekanntlich haben die Kommunisten diesen thomistischen Satz öfter mißbräuchlich interpretiert.

VIII. Berühmt ist auch die bekannte *Subtractio iuris* bei Thomas, wo durch ein höheres Recht, sogar in der naturrechtlichen Ordnung, eine niedrigere Rechtsmaterie der betreffenden Rechtsordnung « entzogen » (subtrahere) wird. So gilt das Gebot: « Du sollst nicht töten », weder für Gott, der Herr aller Menschenleben ist, noch für die Obrigkeit, die an Gottes Stelle den Verbrecher zum Tode verurteilt [7]. Wir werden später auf diese Unterscheidung, die den Unterschied von *Tötung* und *Mord* begründet, zurückkommen.

Diese wenigen Punkte, denen noch andere beigefügt werden könnten, zeigen dem Leser, wie das richtig verstandene Naturrecht einzig geeignet ist, sog. Rechtskonflikte zu schlichten.

[1] II-II 57, 2 ad 2; I 105, 6.

[2] III. C. G. c. 146. Eine Ausnahme haben wir, wenn es sich um das Gut der eigenen geistigen *Seele* handelt, die, weil geistig, höher steht. I-II 21, 4 ad 3.

[3] I-II 94, 4.

[4] II-II 66, 2.

[5] II-II 66, 2.

[6] II-II 66, 7.

[7] I-II 94, 5 u. ad 2; ferner I-II 100, 8 ad 3.

Eigentümliches Zusammentreffen bei den modernen Naturrechtlern! *Hugo Grotius* (1583-1645), ein durchaus gläubiger Mann, proklamierte die Unabhängigkeit des Naturrechts von Gott, also die *Trennung des Rechts von Gott:* « Et haec — principia iuris — locum aliquem haberent, etiamsi daremus, quod sine summo scelere dari nequit, non esse Deum aut non curari ab eo negotia humana »[1]. Also meint er, auch wenn wir annähmen, was aber höchster Frevel wäre, daß es keinen Gott, noch eine Vorsehung gäbe, hätten jene Prinzipien des Naturrechts Geltung. Er dachte offenbar nicht daran, daß ein Gott, von dem nicht alle Rechte abhängen, überhaupt kein Gott wäre. Wie Hinrichs berichtet, haben die einen jenen verhängnisvollen Satz dem Aristoteles, andere Seneca, wieder andere sogar Albert d. Gr. und Thomas zugeschrieben[2]. In Wirklichkeit war, wie Otto von Gierke nachwies[3], der Nominalist *Gabriel Biel*, der Urheber. In seinem Collectorium Sententiarum sagt Biel: Auch wenn, was aber unmöglich ist, Gott, die göttliche Ursache nicht existierte, oder irrte, oder wenn jemand gegen eine englische oder menschliche oder gegen irgend eine richtige Vernunft handelte, würde er sündigen[4].

Eigentümliches Zusammentreffen bei den modernen Naturrechtlern, sagten wir. Die Naturrechtslehre des Grotius ist ein *Abfall von Gott*, jene Pufendorfs und des Thomasius ein *Abfall vom Menschen!* Gegen beide Zeitirrtümer trat mit der ganzen Wucht seines überlegenen Geistes *Gottfried Wilhelm Leibniz* (1646-1716) auf.

[1] De iure belli et pacis. Prol. 11.

[2] *Hinrichs*, Geschichte des Natur- und Völkerrechts, Bd. I, 77-84.

[3] *Otto von Gierke*, Johannes Althusius. Breslau 1913, 74, Anm. 45.

[4] « Nam si per impossibile Deus non esset, qui est ratio divina, aut si ratio divina esset errans; adhuc si quis ageret contra rectam rationem angelicam vel humanam aut aliam aliquam, si qua esset, peccaret ». Collect. Sentent. Tubingae 1501, l. II dist. 35 q. unic a. 1.

Art. 5.

Der Voluntarismus der größte Feind des Naturrechts.

Über den Voluntarismus nach seiner geschichtlichen Seite haben wir anderswo eingehender geschrieben [1], aber nicht im Zusammenhange mit dem Naturrecht. Auch werden wir hier den geschichtlichen Ausführungen eine prinzipielle Würdigung beifügen.

Die allgemeine geschichtliche Ausführung über den Voluntarismus mit einer kurzen prinzipiellen Würdigung ist hier absolut notwendig, um die ganz fatalen Folgen desselben für das Naturrecht verständlich zu machen. Vielleicht ist der Voluntarismus in der modernen Zeit der gefährlichste Feind des wahren, haltbaren Naturrechts gewesen. Vielleicht ließen sich direkt, oder wenigstens indirekt alle irrigen modernen Auffassungen auf Voluntarismus als tiefste Wurzel zurückführen.

Doch seien wir im Behaupten vorläufig etwas bescheiden. Lassen wir die Tatsachen reden, indem wir in einem ersten Teile eine kurze geschichtliche Darstellung der Rolle, die der Voluntarismus im *Mittelalter* gespielt hat, geben, um dann an zweiter Stelle skizzenhaft zu zeigen, welchen Einfluß der Voluntarismus auf die *modernen Naturrechtler* ausgeübt hat.

1. Der Voluntarismus und seine Folgen im Mittelalter.

Intellektualismus und *Voluntarismus* sind zwei Extreme, die daher beide irrig sind. Beide fassen nur den *halben* Menschen ins Auge. Der Intellektualismus führt zur Leugnung der *Freiheit*, der Voluntarismus zur Leugnung der *Wahrheit*. Im absoluten Intellektualismus folgt der Wille notwendig und immer dem Verstande, wie einst Sokrates und

[1] Wesen des Thomismus. Freiburg i. d. Schw. 1935 (2. Auflage), 160 ff.

4

der junge Plato behaupteten. Daher der Untergang der Freiheit. Das Denken absorbiert das Wollen selbst und identifiziert sich dasselbe. Thomas ist weder einseitiger Intellektualist noch Voluntarist. Er gab beiden einen Primat : dem Verstande den Primat in der Ordnung des *Wissens*, dem Willen den Primat in der Ordnung des *freien Handelns* [1].

Über das Wesen des Voluntarismus hier nur wenige allgemeine Bemerkungen, insoweit sie absolut notwendig sind für das Verständnis der aufgestellten These. Seine fatalen Folgen für die Metaphysik, speziell die natürliche Gotteslehre, werden wir am Ende dieses Teiles in Erwägung ziehen.

Im Voluntarismus führt der Wille absolut das Szepter. Wille wird hier nicht bloß im engeren Sinne genommen, sondern auch für jeden *Drang* und *Trieb*, sagen wir, für jedes *Streben*. Im Voluntarismus ist der Wille allmächtig : *zuvorkommend, verursachend, leitend, wertend*. Er ist schrankenloser Herr und Meister. Hierin liegt die Gefahr des Voluntarismus für das *Wissen* und die Wissenschaft. Sie hängt nicht mehr von den *Dingen* ab, sondern eben vom Willen. Damit teilt das Wissen das Los des Wollens, d. h. es ist *veränderlich*, wie *Bergson* und *Le Roy* meinten [2], denen *Cartesius* mit seinen veränderlichen Dingwesenheiten vorgearbeitet hat [3]. Alles läuft dann auf einen seichten Utilitarismus, auf « Amoralismus », wie Jean Weber triumphierend gesagt, hinaus [4]. So, wie wir es gesagt, urteilt auch R. Eucken [5].

Es ist total verfehlt, zu glauben, die Irrtümer der modernen Zeit wären nicht schon, wenigstens samenhaft, im Mittelalter vorhanden gewesen. Der Voluntarismus bestätigt das voll und ganz. Wie es im Mittelalter unter plotinischem Einflusse extreme Intellektualisten gab, wir denken hier an Skotus Eriugena, so gab es auch ragende Voluntaristen. Schon der stürmische *Abaelard* (1079-1142) ordnet die Metaphysik der Ethik unter, wie später Roger Bacon im 13. Jahrhundert, und macht *Gut* und *Bös* nur vom göttlichen Willen abhängig [6]. Für ihn gibt es keine an *sich guten* und an *sich bösen* Handlungen [7]. Sogar Mord, Diebstahl und Fornikation könnten, von Gott befohlen, sittlich gut werden. Gott kann jedermann, auch ohne daß er es verdient hat,

[1] Wesen des Thomismus, 169 ff.
[2] Vgl. *Garrigou-Lagrange*, Intellectualisme et liberté chez saint Thomas, 8.
[3] Das. 6.
[4] Das. 9-10.
[5] Geistige Strömungen der Gegenwart. Leipzig 1904, 47-48.
[6] Exp. in ep. Pauli ad Rom. l. II c. 5 (P. L. 178, 869 B.).
[7] Ethica seu scito teipsum c. 7 (P. L. 178, 650).

verdammen [1]. Bei *Heinrich von Gent* (1217-1293), dem einflußreichen Magister der Pariser Universität, ist der Wille dem Verstande in jeder Hinsicht, sowohl dem Akte als dem Objekte und Habitus nach, überlegen [2]. Lange vor E. Kant hat der schon erwähnte *Roger Bacon* († 1292), den Willen mit dem praktischen Verstande, der übrigens höher steht als der spekulative Verstand, einfach identifiziert [3].

Welch' eminente Rolle der Voluntarismus bei *Duns Skotus* († 1308) spielte, ist bekannt, wenn er auch nicht alle Folgerungen, die sich aus seinem Voluntarismus ergaben, selber gezogen hat. Es genüge hier zu erwähnen, daß jeder Willensakt, im Himmel und auf Erden, absolut frei ist und daher von keinem Objekte notwendig angezogen wird [4]. Selbst die *Dingwesenheiten*, die Skotus infolge seines Formalismus als eine Zusammensetzung von einfacheren göttlichen Ideen aufzufassen scheint, hangen in ihrer unio nur vom göttlichen Willen ab [5], so wie auch das Gesetz [6]. Vielleicht hat der Averroist *Johannes Jandunus*, ein Zeitgenosse des Skotus, mit seiner These : Gott sei alles möglich, auch die Possibilia nur vom göttlichen Willen abhängig gemacht [7].

Überreich an Voluntaristen war vor allem das XIV. Jahrhundert, wo der Nominalismus zeitweilig herrschend war. Eines muß man *Wilhelm Ockham* († 1349), als Verdienst anrechnen : er hat den Voluntarismus zuende gedacht. Alles hängt vom göttlichen Willen als letzter Ursache ab, die *Wesenheiten der Dinge*, das *Mögliche* und *Unmögliche* [8]. Daher *keine unveränderlichen Gesetze* [9], keine an *sich gute* und an *sich schlechte* Tätigkeit, denn *Diebstahl*, *Ehebruch*, sogar der *Haß Gottes* sind an sich nicht bös, da Gott sie befehlen kann, und dann sind sie verdienstlich [10]. Gott kann den Schuldlosen hassen und den Sünder auch nicht hassen [11] und beide belohnen oder verdammen, wie er will [12]. Das war der Voluntarismus, der, wie der Protestant Ritter sagte [13], an Frevel grenzte. Aber logisch war er !

[1] Exp. in ep. Pauli ad Rom. ib.
[2] Quodlib. I q. 14.
[3] Opus Majus p. III (Ed. Bridges I 71).
[4] I. Oxon. Dist. I q. 4 ; IV. Dist. 49 q. 10.
[5] I. Oxon. Dist. 39 q. unic.
[6] I. Oxon. Dist. 44 q. unic. ; I. Dist. 38 ; IV. Dist. 46 q. 1. Dagegen hat Skotus doch wohl das *Metaphysisch-Mögliche* vom göttlichen Verstande abhängig gemacht III. Oxon. Dist. 35.
[7] Vgl. *De Wulf*, Hist. méd. 542.
[8] I. Sent. Dist. 43. q 2.
[9] III. Sent. q. 13.
[10] II. Sent. q. 190.
[11] IV. Sent. q. 14.
[12] III. Sent. q. 5.
[13] Gesch. d. Phil. Bd. VIII 602.

Alle Orden besaßen Vertreter dieses Voluntarismus. Der Satz *Eckeharts* (1260-1321) aus dem Predigerorden : « Deum blasphemia laudare », ist sicher tief voluntaristisch [1]. Der andere Satz seines englischen Ordensbruders *Robert Holkot:* Gott könnte absichtlich jemanden täuschen, gehört auch hieher [2]. Nichts war gemein genug, um es nicht für erlaubt zu erklären. So die Ansicht *Dietrichs von Nieheim:* « Für die Einigung der Kirche sind List, Trug, Gewalt, Kerker und Tod durchaus erlaubt » [3]. Die oben von Ockham zitierten Sätze über Erlaubtheit von Diebstahl, Ehebruch, Haß Gottes, Verdammung des Unschuldigen, finden wir auch bei *Nicolaus von Autricuria,* einem Nominalisten des 14. Jahrhunderts [4]. An frevelhafter Kühnheit hat vielleicht kein Voluntarist den kirchlich hochangesehenen Kardinal *Peter d'Ailly* (1350-1420) erreicht. Es gibt nach ihm nicht etwas, das seinem *Wesen* nach gut oder bös wäre und was Gott also notwendig lieben oder hassen müßte. Das « Bonum und Malum in se » wird kategorisch geleugnet. Auch die *Gerechtigkeit* ist nicht innerlich gut, sondern einzig aus göttlichem Belieben : « ex mera acceptatione divina » [5]. Keine Handlung ist ihrer inneren Wesenheit nach verdienstlich oder strafwürdig, sondern nur durch den Willen, das Belieben Gottes : « Nullus actus est meritorius vel demeritorius essentialiter et intrinsece, sed solum ex divina acceptatione » [6]. Gott kann dem Menschen den *Haß Gottes* befehlen, und alsdann würde der Mensch, Gott hassend, Verdienste erwerben [7]. Auch wenn Gott den *sündlosen* Menschen ewig strafte und leiden ließe, wäre er nicht ungerecht, noch grausam [8].

Fürwahr, fragen wir den Leser, wären diese Lehren des Voluntarismus nicht der Untergang jedes unveränderlichen, wahren Naturrechts ? Stürzten mit ihnen nicht alle göttlichen und natürlichen Gesetze ? Dennoch war der historische Voluntarismus durchaus logisch. Aber wo liegt der tiefste innere Grund dieser furchtbaren Logik ?

Er liegt in der *Natur* des Voluntarismus selbst. Er muß zu solchen Folgerungen führen. Und hier ist nun der Ort, über das Verhältnis von *Intellektualismus* und *Voluntarismus* in der Wissenschaft Bestimm-

[1] Vgl. *Denzinger,* Nr. 506. Auch die Thesen Nr. 514 und 515 gehören hieher.
[2] Vgl. *Karl Werner,* Der hl. Thomas von Aquin, Bd. III, 122.
[3] Vgl. *Pastor,* Geschichte der Päpste, Bd. I, 193.
[4] Chart. Univ. Paris. II. n. 1124.
[5] Quaestio in I. Sent. q. 9.
[6] Ib. q. 12.
[7] Ib. q. 14 a. 3.
[8] Ib. q. 12.

teres zu sagen, d. h. zu sagen, daß auf wissenschaftlichem Gebiete oder in der spekulativen Ordnung, wie wir oben andeuteten, nur der Intellektualismus rettet.

Daß die Voluntaristen die Lösung des Problems bis auf *Gott, die erste Ursache, zurücktrieben,* darin haben sie voll und ganz Recht gehabt. Die Entscheidung, ob Voluntarismus oder Intellektualismus auf wissenschaftlichem Gebiete wahr seien, hängt ganz und gar von der Frage ab : ob Gottes *Wille* oder Gottes *Verstand* der letzte, tiefste Grund unserer Erkenntnisse und daher unserer wissenschaftlichen Prinzipien und Gesetze sei. Untersuchen wir hier diese Frage, um den Nachweis zu liefern, daß der Voluntarismus innerlich notwendig zum Ruin aller unveränderlichen Gesetze und Prinzipien führen muß [1].

Der tiefste Unterschied zwischen Voluntarismus und Intellektualismus besteht darin, daß im Voluntarismus der Wille die *Priorität* vor dem Verstande hat. Das gilt für Gott und den Menschen. Damit ist aber bereits gegeben, daß der Voluntarismus dem *innersten Wesen des Willens* selbst widerspricht. Es ist unleugbar evident, daß der Wille seiner Natur nach nur zu dem *erkannten Gute* — bonum apprehensum — wie Thomas sagt, hinstrebt [2]. Das ist wahr in Gott und im Menschen. Der Mensch kann zwar irren, aber auch dann folgt er einer Erkenntnis, wenn auch einer irrigen. In Gott ist letzteres unmöglich [3]. Setzt man also nicht die Priorität des Verstandes *vor* dem Wollen und *in* dem Wollen voraus als Lichtträger für den Willen, so hat man überhaupt kein Wollen, denn ein jegliches Tätigkeitsprinzip hat sein ganzes Sein nur aus der Grundhinordnung zu seinem ihm eigentümlichen Objekte [4]. Das ist die Ironie, die im Voluntarismus liegt, daß er gerade dem *Wesen des Willens* selbst widerspricht !

Aus diesem Grundirrtum des Voluntarismus geht dann als erste und sichtbarste fatale Folge, die der historische Voluntarismus als Kainszeichen immer an der Stirne trug, die absolute **Willkür** hervor. Folgt der Wille nicht dem *erkannten* Gute, dann fehlt jedes *Steuer,* jede Richtschnur des Wollens und Handelns, ist das *Vernunftlose,*

[1] Quellen hiefür bei *Thomas,* S. Th. I q. 25 a. 2 u. 5 ; I. C. G. c. 84 ; II. C. G. c. 24, c. 25, c. 28 ; dazu Quodlib. IX a. 1 (Ed. Vives, Vol. 15).

[2] « Voluntas enim ad agendum ex aliqua apprehensione movetur ; bonum enim *apprehensum* est obiectum voluntatis », II. C. G. 24 ; « Voluntas non est nisi alicuius boni *intellecti* », I. C. G. 84.

[3] I. C. G. 84. Daher in I-II 66, 1 der herrliche Satz : « Causa et radix *humani boni* est *ratio* ».

[4] II. C. G. 25.

das Schlimmste auf dem Boden des Wissens herrschend. Die weiteren Folgen und Absurditäten, die aus all dem sich ergeben, können wir unter Leitung des Aquinaten kurz skizzieren. Nach der richtigen metaphysischen Auffassung des Problems bezieht sich Gottes Wille und Macht auf *nichts innerlich Widersprechendes*, wegen seiner wesenhaften, absoluten Vollkommenheit. Gott kann also, wie Thomas sagt, nicht « wollen », was er nicht machen kann, nicht das « Malum » als solches wollen, nicht « Seinesgleichen » schaffen wollen, nicht wollen, daß *er selbst veränderlich* oder körperlich sei, oder daß « Weiß » « Schwarz » oder « Vernünftig » « Unvernünftig », oder « Geschehenes » « Ungeschehen » sei ; daß « Mensch » « Tier » sei ; die Wesenheiten der Dinge, weil sie seiner Wesenheit nachgebildet sind, kann er nicht ändern. Und alles das kann er nicht wollen und machen, weil *Sein* nicht « *Nichtsein* » sein kann : das Kontradiktionsprinzip, das erste Prinzip alles Wissens, ist unveränderlich. Würde er das alles wollen können, dann würde er sein *eigenes göttliches Sein aufheben können* [1].

Nach dem *Voluntarismus*, der keine innere Kontradiktion kennt, wäre alles das möglich. Daher ist er in sich absurd und kann nur ad absurdum führen. Man sage nicht, in Gott ist alles *eins*; denn auch das wäre nicht wahr, weil « Einssein » und « Nichteinssein » wieder dasselbe wäre. Der absolute *Nihilismus* wäre die letzte Folgerung !

2. Einfluß des Voluntarismus auf die modernen Naturrechtslehrer.

Nach dem, was wir über den Voluntarismus gesagt, ist es leicht erklärlich, daß der religiöse Zwist, der im XVI. Jahrhundert eintrat, Katholiken und Protestanten nicht im Sinne von Anti-Voluntaristen und Voluntaristen auseinanderschied. Es gab Voluntaristen zu verschiedenen Zeiten in beiden Lagern. Und ebenso wahr ist es auch, daß es unter den Protestanten sehr entschiedene Aristoteliker gab hinsichtlich des Naturrechtes, und zwar zur Zeit der beginnenden Reform. Es sei nur an den großen *Leibniz* erinnert. Bekanntlich war auch *Melanchthon* noch ein ganz entschiedener Aristoteliker, der nicht bloß die Verbindung von Ethik und Recht scharf verteidigte, sondern auch das Naturrecht als Norm der göttlichen Weisheit proklamierte [2]. Ihm folgten im Wesentlichen auch die Naturrechtslehrer : *Joh. Olden-*

[1] Die aufgezählten Fälle sind alle bei Thomas selbst aufgeführt (I. C. G. 84 ; II. C. G. c. 24, c. 25, c. 28).

[2] In quint. libr. Eth. p. 205. Vgl. *Hinrichs*, Bd. I, 17.

dorp, ein Zeitgenosse, *Nicolaus Hemming* (Ende des 16. Jahrhunderts), *Albericus Gentilis* und *Benedikt Winkler*, die aber alle schon stark den bloßen *Instinkt* im Naturrecht betonten [1]. Überhaupt gibt es unter den modernen Naturrechtlern selbstverständlich viele Voluntaristen, die sich der Tragweite der Frage gar nicht bewußt waren, so z. B. alle, die den letzten Grund des Naturrechts *nur* in einen bloßen individuellen oder sozialen Naturdrang verlegen.

An die Spitze der modernen Naturrechtler, die Voluntaristen sind, stellen wir hier **Hugo Grotius**. Von ihm sagt H. Rommen, daß er im Zwielicht zweier großer Epochen steht [1]. Er ist tatsächlich, trotz seines Bruches zwischen Gott und Naturrecht, den wir oben geschildert, noch stark verankert in der Vorzeit. Das zeigen seine Sätze : Der Mensch sucht von Hause aus das Zusammenleben mit Seinesgleichen [3], und der Grund dieses Zuges liegt in der menschlichen Natur, der Mutter des Naturrechts : « nam naturalis juris mater est ipsa humana natura, quae nos ... ad societatem mutuam appetendam ferret » [4]. Und wiederum : Das Naturrecht entfließt *inneren* Prinzipien des Menschen : « ex principiis homini internis profluit » [5]. Aber Grotius ist bewußter **Voluntarist.** Gottes Wille ist der Urgrund dieses Gesetzes, dem wir unverbrüchlich unterworfen sind, wie unser Verstand selbst uns belehrt : « et haec iam alia iuris origo est praeter illam naturalem sc. ex *libera Dei voluntate,* cui nos subiici debere intellectus ipse noster nobis irrefragibiliter dictat » [6].

Auch **Johann Selden** (1584-1654), den man die « gloria Britanniae » genannt, ist Voluntarist. Der Umstand, daß er scharf polemisierend für den Willen als letztes Prinzip eintrat [7], ist ein evidenter Beweis dafür, daß das Problem zur « bewußten » Streitfrage geworden war.

Zu den Voluntaristen rechnen wir weiter den Pantheisten **Benedikt von Spinoza** (1632-1677). Er identifiziert Recht und Macht. Der Wille aller schafft die Macht und das Recht [8].

[1] Vgl. *Heinrich Ritter*, Gesch. d. christl. Phil., Bd. 10, 420-428 (Hamburg 1851).

[2] A. a. O. 90.

[3] De jure belli et pacis. Prolegomena. Vgl. *Hinrichs*, Geschichte der Rechts- und Staatsprinzipien, Bd. I, 73.

[4] Ib. Prolegomena.

[5] Ib. [6] Ib.

[7] De jure naturali et gentium c. 8. *Hinrichs*, a. a. O. 108.

[8] Tract. theol.-pol. c. 16. *Hinrichs*, a. a. O. 191. *A. M. Weiß*, a. a. O. 202 ; ferner *Trendelenburg*, Naturrecht, 12.

Ausgesprochener Voluntarist ist auch **Christian Thomasius.** Zwar betont er mit aller Entschiedenheit die *Abhängigkeit des Naturrechts von Gott:* « Hinc patet, obligationem non esse posse, si tollatur superior, et omnino minime, si tollatur Deus » [1]. Auch verteidigt er energisch die *Unveränderlichkeit* und Undispensierbarkeit des Naturrechts [2]. Aber der Urgrund aller Gesetzeskraft, auch jener des Naturrechts, liegt im göttlichen *Willen:* « ultimo a voluntate Dei » [3].

Samuel Pufendorf gehört zu jenen modernen Naturrechtlern, die mit Grotius *Recht und Moral trennten,* was ihm Leibniz zum Vorwurf machte [4]. Mit *Cumberland* stellt er als höchstes Prinzip des Naturrechts den bloßen *Geselligkeitstrieb* — socialitas — auf, aus dem alle Rechte entstanden sein sollen, wie Leibniz ebenfalls tadelnd hervorhob [5]. Alle jene, welche das Naturrecht schlußendlich nur auf einen Gesellschaftstrieb zurückführen, sind Voluntaristen. Daher hat Otto von Gierke ihn mit vollem Rechte zu den Voluntaristen gerechnet [6]. Dasselbe gilt auch von den beiden : *Heinrich* und *Samuel Cocceji,* Vater und Sohn, die Gottes Willen, insofern er die Sozialnatur dem Menschen in der Schöpfung verlieh, als höchste Rechtsquelle betrachteten [7]. Ähnliche Theorien, die aber schließlich alle auf den Willen zurücklaufen, vertraten auch *Bodinus, Mündener, Kestner* und *Wachter,* worüber Hinrichs sehr interessanten Bericht erstattete [8]. Alle diese bekämpfte als Voluntaristen der edle Leibniz, da er sie, wie Gierke andeutet, an Tiefe übertraf [9].

Welche Rolle, eminente Rolle, der *Allgemeinwille* — volonté générale — als Rechtsquelle spielte bei *Hobbes* (1588-1679) und *Rousseau* (1712-1778), ist mehr als bekannt. Bei dem ersteren, der auf Epikur aufbaute, sollte er aus dem ursprünglichen Kriegszustande — status naturalis — des Nutzens wegen durch Vertrag zum Frieden im Staate führen — status civilis. Daher pacta sunt servanda [10]. Bei

[1] Instit. jurisprudentiae div. Lib. III. ; Lib. I c. 1. *Hinrichs,* a. a. O. Bd. III, 137.

[2] Ib. c. 2. *Hinrichs,* a. a. O. 147.

[3] « At ius hominis ultimo a voluntate dei et in genere a voluntate superioris est deducendum ». Ib. c. 1. *Hinrichs,* das. 135.

[4] In dem erwähnten Brief, den Pagenstecher publizierte. *Hinrichs,* a. a. O. Bd. II, 89.

[5] Das.

[6] Johannes Althusius, 73 [14].

[7] *Gierke,* das.

[8] *Hinrichs,* a. a. O. Bd. III, 373 ff.

[9] *Gierke,* das.

[10] Vgl. *Rommen,* a. a. O. 101 ff.

letzteren sollte er, wieder durch Vertrag, aus dem Zustand der Unfreiheit zum ursprünglichen Paradieseszustande führen [1]. *John Locke* (1632-1704) baute die ganze Sittlichkeitslehre auf Lust und Schmerz auf [2]. Überhaupt sind alle Gegner der Metaphysik, nennen wir sie Empiristen, von *Baccon von Verulam* (1561-1626) bis auf *W. Wundt* und *Paulsen*, Voluntaristen. Die Frage, ob sie wirklich Naturrechtler waren, hat wenig Bedeutung. Sie reden wenigstens nicht selten von Naturrecht, fassen aber die menschliche Natur in ganz verschiedenem Sinne auf, stets aber immer *kollektivistisch*. Nur nebenbei sei bemerkt, daß auch die berühmte *Historische Schule* Savignys, welche das Naturrecht bekämpfte, selbstverständlich auf voluntaristischem Prinzipe ruhte.

Sollen oder dürfen wir schließlich auch die noëtischen *Idealisten* noch zu den Voluntaristen zählen? Das scheint auf den ersten Blick etwas gewagt. Aber von Gott und den Dingen losgelöste und getrennte Menschenerkenntnis scheint doch logisch zu absoluter *Willkür* hinzutreiben. Von *E. Kant* sagt Heinrich Rommen: Den Individualismus des Naturrechts in einer letzten höchsten Zuspitzung zeigt Kant. Am ausgesprochensten unter den deutschen Naturrechtslehrern ging er von der *Freiheit* des Individuums aus. Die Freiheit, die Autonomie ist das einzige, ursprünglich jedem Menschen kraft seiner Menschlichkeit zustehende Recht. Als oberste Maxime des Rechts erscheint die Formel: « Handle äußerlich so, daß der freie Gebrauch deiner Willkür mit der Freiheit von jedermann nach einem allgemeinen Gesetze zusammen bestehen kann » [3]. Johann Gottlieb *Fichte* erblickte in der Willenstat die Grundlage alles Seins. Für *Schelling* war der Wille auf Gott, das Ursein, bezogen [4]. *Hegel* hat bekanntlich den Satz geprägt: Der Staat sei die Wirklichkeit des substanziellen Willens, und das Dasein des freien Willens sei das Recht [5]. So entstand der *metaphysische* Voluntarismus mit der These: Der Wille ist « das Ding an sich », und konnte Roger-Collard schließlich sagen: « Penser c'est vouloir » [6]. Das Wollen absorbiert schlußendlich das Denken und Sein! Der höchste Triumph des Voluntarismus!

[1] A. a. O. 104 ff.
[2] *Überweg-Heinze* (Aufl. 10), Bd. III, 170.
[3] Das. 115.
[4] Vgl. Das Wesen des Thomismus, 162.
[5] *Hegel*, Philosophie des Rechts, § 258, 29. Vgl. *Weiß*, a. a. O. 222.
[6] Das Wesen des Thomismus, 162.

Der Leser wisse, daß wir mit diesen wenigen Zeilen über den Einfluß des Voluntarismus auf die modernen Naturrechtler nichts Erschöpfendes, sondern nur ein skizzenhaftes Bild bieten wollten [1]. Es dürfte aber genügen, um die Tragweite der Frage zum Bewußtsein zu bringen Vielleicht veranlaßt es den einen und andern, darüber *nachzudenken,* warum wir zur Zeit *so rechtlos sind,* und auch darüber, warum die Völker in Krieg, Blut und Tränen ihre Wege zu wandern gezwungen sind. Die große *Feste* des wahren Naturrechts ist mit der ganzen voluntaristischen modernen Geisteskultur zusammengebrochen!

[1] Eugen Huber irrt zwar, wenn er meint, im Mittelalter hätte man das Recht nur aus dem *Willen* erklärt (Recht und Rechtsverwirklichung, 421). Aber auch er ist von dem großen Einfluß des Voluntarismus im Mittelalter überzeugt.

Art. 6.

Die Unveränderlichkeit des Naturrechts.

Die *Unveränderlichkeit* ist der Eckpfeiler des Naturrechts, an dem am meisten Sturmwogen brandeten und noch branden. Sie ist nicht etwa bloß eine aus dem Wesen des Naturrechts abgeleitete Eigenschaft, sondern *konstituiert* sein Wesen. Mit ihr steht und ohne sie fällt das Naturrecht selbst, weil sie nur mit einer unveränderlichen Menschennatur begründbar ist, die selbst wieder nur dann Wesen und Natur ist, wenn sie unveränderlich ist. Hier liegt die Tragweite der aufgeworfenen Frage.

Hier liegt aber auch die *Schwierigkeit* des Problems. Ihre Begründung steht nicht allein heutzutage fast fanatischen Gegnern gegenüber, die ein absolut « wandelbares Recht » proklamieren. Sie zwingt uns, auf das *Universalienproblem,* das Problem aller wissenschaftlichen Probleme, zurückzugreifen. Ohne unveränderliche *Dingwesenheiten* keine Unveränderlichkeit des Naturrechts und daher kein Naturrecht und wieder keine Wissenschaft. Damit ist der eminent *metaphysische* Charakter der Frage gegeben.

Wir werden zuerst die *Gegner* hören und ihre *These prüfen,* um dann von den *Dingwesenheiten* zur *Wesenheit des Menschen,* in der das Naturrecht begründet sein soll, hinaufzusteigen. Abschließend werden wir uns noch mit den *Hauptschwierigkeiten,* die gegen die *Unveränderlichkeit* vorgebracht werden, beschäftigen.

1. Nur veränderliches Recht!

Es wird genügen, wenn wir hier nur einige, aber führende Vertreter zu Worte kommen lassen. Daß *Bergbohm* an die Spitze der Vertreter gehörte, ist selbstverständlich. Er war der große Rufer im Kampfe gegen das *starre,* unveränderliche Naturrecht. Doch gedachten wir seiner schon früher und hoben hervor, wie nach ihm das Recht nicht bloß nach Nationen, Zeiten, Rassen, sondern nach *einzelnen, singulären, zeitlich-räumlichen* Handlungen, Gefühlen und Stimmungen veränderlich ist [1]. Er wettert auch am schärfsten gegen die Metaphysik und ihre angeblich ewig unveränderlichen Prinzipien [2]. Etwas vorsichtiger, wenngleich wesentlich derselben Hauptidee folgend, drückt sich der hochangesehene Berliner Professor *Jos. Kohler* aus. « Es gibt kein ewiges Recht. Das Recht, das für eine Zeit ein passendes ist, taugt nicht für eine andere » [3]. Die Scholastik konnte das wahre Recht nicht erkennen, weil sie an der Geltung der Bibel und an der Unverbrüchlichkeit der Glaubenssätze haftete. Schon Aristoteles, den er « unsern Herrn und Meister » nennt [4], hätte gelehrt : « Das Recht soll dahin streben, der jeweiligen Kulturentwicklung zu dienen, und weil der Kulturstand immer wechselt, *so muß auch das Recht ständig wechseln.* Nur insofern die verschiedenen Kulturen etwas Gemeinschaftliches an sich tragen, werden gleichmäßige Sätze angemessen sein » [5]. Hohes Lob spendet Kohler dem « großen Voluntaristen » Duns Skotus als Vorgänger Schopenhauers und dann vor allem Hegel, der den Entwicklungsgedanken, ein « Wunderwerk der Rechtsphilosophie », gelehrt und der in Nietzsche seine Vollendung fand [6]. Schärfer als Kohler drückt sich *Max Ernst Mayer,* Professor in Frankfurt, aus. Das Naturrecht ist an sich unerkennbar, weil es außer der Sinneserfahrung liegt. Doch, die Philosophen sind unbescheidene Leute ; sie möchten hinter die Kulissen blicken [7]. Das Naturrecht steht im Gegensatze zum positiven Rechte, dem Ursprunge und der Geltung nach. Letzteres, weil es nach ihren Verteidigern das zeitlich-räumliche, positive Recht annulliert, denn Naturrecht bricht positives Recht, wie Lask gesagt [8]. Aber in Wirklichkeit hat es keine Rechtsgeltung, « weil die *Wandelbarkeit* nicht bloß ein *wesentliches Merkmal des Rechtes,* sondern auch eine *notwendige Eigenschaft eines jeden Rechtsideals* ist » [9]. Die sog. *unwandelbaren Grundsätze* sind « *inhalts-*

[1] Jurisprudenz und Rechtsphilosophie, 414-419.
[2] Das. 458 [39] und 461 [41].
[3] Lehrbuch der Rechtsphilosophie. Berlin 1909, 2.
[4] Das. 3.
[5] Das. 4. Sperrung von mir.
[6] Das. 6-7.
[7] Rechtsphilosophie. Berlin 1922, 3-4.
[8] Das. 8.
[9] Das. 10. Sperrungen von mir.

leere Abstraktionen »[1]. Immerhin hat nach Mayer das Naturrecht eine « *unvergleichliche Lebenskraft* » gezeigt, ja, « *Gewaltiges* » geleistet[2].

Nach *Ernst Landsberg* hat schon weit früher, vor Bergbohm, der deutsche Jurist *Joh. Friedrich Hombergk* zweifelnd sich die Frage gestellt : ob die naturrechtlichen Prinzipien nicht etwa bloß hohle Schlagworte wären[3]. — Wegen der ewigen Veränderlichkeit des Rechtes hat bekanntlich der Neu-Hegelianer *Stammler*, ein hochangesehener Jurist, ein formal bleibendes Recht mit *wechselndem* Inhalte verlangt. Wir werden auf diese Ansicht zurückkommen.

Offenbar wandeln all diese Verteidiger der Rechtswandelbarkeit, wenigstens prinzipiell, auf dem Boden des Axioms : « Alles fließt », das Heraklit so ungestüm als Grundprinzip aller Dinge proklamierte. Es gibt nur « werdendes » Recht, kein bleibendes, unveränderliches. Und darin liegt der eminent anti-metaphysische Charakter dieser Auffassung des Rechts. Und von jenem Satze Heraklits ging auch, wie Victor Cathrein S. J. zutreffend gesagt, *Wilhelm Wundt* bei seinem Aufbau des ethischen Ideals aus. Alles ist nur wandelbares Wollen und Streben in der Unterordnung des Einzelwollens unter den Allgemeinwillen, der die öffentliche Wohlfahrt, den Allgemeinfortschritt des sittlichen Menschheitsideals zum Ziele hat[4]. *Friedrich Paulsen* hat den Satz, den wir früher erwähnten, geprägt : « Es gibt kein ewiges Recht : alles Recht ist wandelbar mit den Wandlungen des geschichtlichen Lebens ». Daher sein Protest gegen das alte Naturrecht mit « seinen starren Normen ». Er steht wesentlich auf dem Wundt'schen Boden, und mit Berufung auf Hegel, Darwin und Spencer sagt er : « Die Sitte und Sittlichkeit, das System der objektiven Moralität, wird hier ebenso wie das Recht als Erzeugnis und Funktion, nicht des Individuums als solchen, oder seiner Vernunft, sondern der den sozialen Bildungen des geschichtlichen Lebens immanenten allgemeinen Vernunft betrachtet »[5]. Darin soll Paulsens *historisch-genetische Ethik* bestehen, welche die Vernunft nicht erst ins Leben hineinbringt und das Recht erst macht, sondern die objektiv bereits vorhandene Vernunft — Pantheismus — in den Sitten und Rechten zu erkennen sucht[6].

[1] Das. [2] Das. 9 und 10.

[3] Geschichte der Deutschen Rechtswissenschaft. München 1898, Bd. III, 170.

[4] Vgl. *Cathrein*, Moralphilosophie, Bd. I, 186-188 ; ferner *Eisler*, Wörterbuch « Rechtsphilosophie und Voluntarismus ».

[5] Kultur der Gegenwart, Teil I, Abt. 6, System der Philosophie, 290.

[6] Das. 293.

Kurz ausgedrückt, haben wir in diesem absolut wandelbaren Rechte nichts anderes als die Übertragung der *Aktualitätstheorie* — es gibt nicht Sein, sondern nur Werden, Wirken, Wollen und Fühlen in steter Selbstverwirklichung — auf die Ethik und das Rechtsgebiet [1].

2. Widersprüche in dieser Theorie.

Metaphysische Wahrheiten rächen sich selbst, wenn sie vergewaltigt werden. Man kann nicht das Universale oder Abstrakte leugnen, ohne es gleichzeitig zu bejahen.

Wenn W. Ockhams Satz wahr ist, und wir halten ihn für unumstößlich wahr, daß nämlich ein Singulare als solches, weil es Singulare ist, nichts mit einem anderen Singulare gemein hat, dann steht es schlecht mit der These von dem absolut wandelbaren Rechte. Denn, wenn es kein allgemeines, abstraktes Recht gibt, etwas *Bleibendes*, das in allen Singularia dasselbe ist — Universale, Potentiale — dann ist erstens auch jedes *positive Gesetz* ungerecht, da es als relativ bleibende Norm von Fall zu Fall auf singulär total verschiedene Einzelfälle angewandt wird. Dann gibt es zweitens auch keine bleibende Idee des *Wollens*, *Strebens*, *Fühlens*, *Bewußtseins* im Gegensatze zu *Nichtwollen*, *Nichtstreben*, *Nichtbewußtsein*. Folglich fallen die kontradiktorischen Gegensätze ! Dann gibt es drittens auch keine *Gemeinschaft* in Ehe, Familie und Staat ; denn das setzt doch etwas voraus, was mehreren gemein sein sollte. Viertens, daß dann von *Menschen*, *Menschlichem* und *Menschenkultur* und *Rechtsideal* nicht mehr die Rede sein kann, leuchtet jedermann ein. Aber auch von *Unrecht* im Gegensatze zu Recht können wir dann nicht reden, da nichts dem Unrecht im Gegensatz zum Recht bleibend eigen ist. Dann ist auch der Satz : « *Alles Recht ist veränderlich* » falsch ; denn das « *Alles* » setzt doch das Universale voraus ! Endlich gibt es dann keinen Gegensatz von *Werden* und *Nichtwerden* und zwischen den verschiedenen *Werdenden ;* denn sie sind *total* verschieden.

Mit all dem fällt das *Kontradiktionsprinzip*, wie Aristoteles schon Heraklit gegenüber betonte, fällt jede Beweismöglichkeit !

Außerordentlich illustrierend für unsere Frage ist der Versuch *Stammlers*, *Bergbohms* und Walter *Burckhardts* und anderer, die im Anschluß an Kants Erkenntnislehre zwar ein *inhaltlich absolut ver-*

[1] Vgl. *Eisler*, « Aktualitätstheorie ».

änderliches Recht lehren, aber daneben eine *formal* allgemein-gültige Richtungsmethode für die Anwendung annehmen [1]. « Rein formell genommen, sagt Bergbohm, war und ist der Rechtsbegriff immer und überall derselbe » [2]. Auch Burckhardt meinte : Allgemeingültig ist nur der Maßstab, an dem gemessen wird, der Maßstab der Gerechtigkeit, den wir immer voraussetzen. Aber die Rechtsidee, die wir als Richtlinie der Gesetzgebung betrachten, darf nicht schon als unverrückbarer Grundsatz im Sinne des Naturrechts, wie die katholischen Naturrechtler meinen, aufgefaßt werden [3]. — Man frägt sich doch, was hat ein allgemeiner Maßstab für eine Bedeutung ohne allgemeinen Inhalt und ohne etwas Gemessenes ? Stammler, dem Burckhardt sein Werk gewidmet hat, verlegte das Sozialideal in die Formel : « Gemeinschaft frei wollender Menschen ». Um ja jeden Erfahrungsinhalt auszuschließen, soll jenes « frei wollender » nur « reines Wollen » bedeuten. Max Ernst Mayer, der hierüber berichtet, hält Stammlers Formel für eine wertlose Tautologie [4]. In Wirklichkeit haben wir auch hier wieder einen *allgemeinen Inhalt;* denn auch « reines Wollen » ist doch sicher im Gegensatz zu Nichtwollen oder Erkennen ein sehr positiver Inhalt. Zudem liegt in jener Formel, wie Mayer etwas boshaft bemerkt [5], noch eine eminente *Abstraktion!* — Es gibt einfach kein « Recht » ohne Abstraktion, ohne Universale, ohne Metaphysik !

3. Die unveränderlichen Dingwesenheiten.

Die Wesenheit ist der Inhalt des Universale ! Sie macht ein jegliches Sein zu dem, was es ist. Sie ist das, wodurch etwas das ist, was es ist. Sie ist das berühmte τί ἐστι, das *Wassein* des Aristoteles, das nach ihm die Alten vernachlässigten [6]. Was würde der Stagirite von unserer Zeit tadelnd sagen ? Und doch nehmen ihn, wie wir sahen, die Verteidiger des wandelbaren Rechts sogar für sich in Anspruch ! Sokrates hat eigentlich zuerst seine Bedeutung erfaßt [7]. In der

[1] Vgl. *Max E. Mayer*, Jurisprudenz und Rechtsphilosophie, 73-74.

[2] Jurisprudenz und Rechtsphilosophie, 74.

[3] Die Organisation der Rechtsgemeinschaft. Basel 1927, Teil II, 165 ; 241-242, Teil III, 380 [2].

[4] Rechtsphilosophie (Berlin 1922), 21.

[5] Ib. 21.

[6] I. De partibus animal. c. 1 (Did. III 223, 1).

[7] XII. Met. c. 4 (Did. 615, 12).

Definition wird das « Wassein », durch das das Ding erkennbar ist [1], erfaßt [2]. Sogar Max Mayer, so hörten wir oben, spricht von der Veränderlichkeit als *wesentlicher* Eigenschaft des Rechtes, trotzdem er ein Gegner aller Metaphysik ist. Er treibt also auch wieder Metaphysik als Gegner der Metaphysik ! Immer dieselben Widersprüche ! Die Wesenheit, das « Wassein » ist eben das *Eine, Selbige* — ἓν καὶ αὐτόν —, das im Allgemeinbegriff vielen gemeinsam ist und ohne das überhaupt kein Beweis zustande kommt [3]. Damit ist auch einleuchtend, daß die Wesenheit *Maßstab* eines jeden Dingseins ist ; denn alle Eigenschaften und Tätigkeiten des Dinges gehören zum Dinge kraft seiner Wesenheit. Sie umfaßt das « Wohlsein », die ganze *Vollkommenheit* des Dinges in seiner Definition [4]. Nur jene Modernen können stets von « leeren metaphysischen Abstraktionen » reden, die nicht wissen, was Wesenheit ist und immer logische und metaphysische Ordnung verwechseln.

Es gibt in unserer armseligen menschlichen Erkenntnis eine Macht, vor der wir machtlos sind ! Das sind, und damit kommen wir hier zur Hauptfrage, die *innerlich-notwendigen, unveränderlichen Dingwesenheiten*. Oder, sind sie etwa veränderlich ? Wer von uns vermag auch nur eine Zahl zu verändern, etwa daß « zwei » « drei » sei, oder $2 \times 2 = 5$. Wir vermögen es gar nicht zu denken. Wer vermag zu denken, daß « Sein » = « Nichtsein », « Ursache » = « Nichtursache », oder « Wirkung » sei, daß « Werden » = « Nichtwerden », « Veränderlich » = « Unveränderlich », « Mensch » = « Nichtmensch », oder Tier sei, « Lebendsein » = « Nichtlebendsein » ? Alles das ist gedanklich innerlich unmöglich und folglich das Gegenteil wahr, d. h. *innerlich-notwendig*, dann auch *allgemein* und dann auch *immerbleibend*. Es soll uns jemand das Gegenteil beweisen ! Und die unveränderlichen Dingwesenheiten sind ihrerseits wieder die einzige Unterlage der unleugbaren ersten *Beweisprinzipien*, ohne die es kein sicheres abgeleitetes Wissen, überhaupt kein sicheres Wissen gibt. Es gibt also in unserem Denken etwas *Gedanklich-Notwendig-Zeitloses* — ein intellectuale-necessarium-universale-sempiternum —, weil sein Gegenteil innerlich undenkbar ist. Hier liegt die Macht, vor der wir selbst im Denken ohnmächtig sind ! Und sie ist *real* begründet ; denn wir haben die

[1] *Thomas*, De ente et essentia c. 2.
[2] II. Anal. Post. c. 3 (I 55, 3). *Thomas*, De ente et essentia c. 1.
[3] I. Anal. Prior. c. 11 (Did. I 131, 40).
[4] De ente et essentia c. 1.

Dingwesenheiten aus den Dingen abstrahiert. Mehr noch! Sie wären gar nicht Dingwesenheiten, wenn sie nicht *in den Dingen* wären. Die *Abstraktion* ist nur die *Bedingung* des Universale-*actuale,* aber nicht die Ursache des Universale selbst, denn potenziell ist das Universale, wie Thomas [1] mit Aristoteles [2] sagt, in den realen *Dingen selbst.* Nur ist es in den Dingen *aktuell-singulär,* kraft der kontingenten Existenz. Das Gedanklich-Undenkbare ist somit für uns auch *sachlich-unmöglich,* denn auch in der Realwelt ist « Sein » immer Sein, nie « Nichtsein », « Ursache », nie Wirkung usw. Wäre die Unveränderlichkeit der Dingwesenheiten nur von der Abstraktion verursacht, die in unserer Macht liegt, dann gäbe es in unserem Denken keine Macht, vor der wir ohnmächtig wären!

Wo liegt der *letzte, tiefste Grund* jenes Gedanklich- und Real-Notwendig-Zeitlosen? Daß noch ein höherer Grund vorhanden sein muß, leuchtet daraus ein, weil wir von ihm abhangen und weil anderseits die geschaffenen Dinge, als aktuell kontingente, sich jene Unveränderlichkeit auch nicht selbst geben konnten. Sie haben sie also *empfangen.* Die thomistische Philosophie findet jenen letzten Grund nur im *Geiste Gottes,* dessen Ideen die Urbilder — causae exemplares — der von Gott real geschaffenen Dingwesenheit sind [3]. Damit werden die Wesenheiten zu einem necessarium-aeternum im *positiven* Sinne. Die ganze Lösung ist logisch, denn ein intelligibile-necessarium setzt notwendig einen *intellectus necessarius* voraus. Wenn wir auch den sog. *ideologischen* Gottesbeweis ablehnen, weil er einen Sprung vom bloß Potenziellen zum Aktuellen bedeutet, so ist es für den Atheisten doch wahr, daß für ihn die innerlich-notwendigen Dingwesenheiten ohne Dasein Gottes ein unlösbares Rätsel sein müßten, wie es ohne Existenz Gottes noch tausend andere Rätsel geben müßte.

[1] Auf den Einwand: « universalia sunt perpetua et incorruptibilia » antwortet Thomas Verit. q. 1 a. 5 ad 14, daß auch das Universale im Einzelding ein perpetuum sei: « quia non corrumpitur per se, sed per accidens ad corruptionem individui ». « Alio modo potest considerari universale secundum esse quod habet in *singularibus,* et sic verum est, quod est *semper,* quia est quandocumque est suum singulare ». Pot. q. 5 a. 9 ad 16; Verit. q. 1 a. 5 ad 14. Alles das ist gegen Suarez gerichtet.

[2] III. Met. c. 5 (II. 510, 17 ff.). II. Anal. Post. c. 7. Vgl. Das Wesen des Thomismus, 220.

[3] I 15, 2; II. C. G. 24.

4. Die unveränderliche Menschennatur.

Sind die Dingnaturen oder Wesenheiten innerlich-notwendig-ewig, dann muß es auch die Menschennatur sein und dann auch das Naturrecht, das in ihr begründet ist [1]. Das leuchtet ein!

Worin das Menschenwesen bestehe, oder besser warum der Mensch ein vernünftiges Sinneswesen — animal-rationale — sei, muß bewiesen werden. Selbstverständlich kann es nicht *naturwissenschaftlich-experimentell* bewiesen werden. Diese Methode ist, wie Laversin richtig gesagt [2], rein *quantitativ* und rechnet daher, ohne Formal- und Zweckursache, nur mit Erscheinungsreihen, Sukzessions- und Koëxistenzgesetzen. Meines Wissens hat das gerade der größte Physiker unserer Zeit, Planck, am schärfsten nachgewiesen mit seiner Quantitätentheorie. Mit Recht hat daher unser Berner Jurist *Burckhardt* gegen jede Ableitung des Rechts von naturwissenschaftlichen Gesetzen Einsprache erhoben und den Unterschied zwischen rein mechanischen und ethisch-rationellen Gesetzen betont [3]. Wie Jaccoud [4] und Cathrein [5] richtig hervorhoben, kamen die *Idealisten* mit Kant und Hegel auch nie zu einem metaphysischen Begriffe von Natur und Recht, da sie die Realität der Erkenntnis in Abrede stellten. Nicht besser stand es mit den *empirischen* Philosophen, Materialisten und Positivisten. Auch sie, die Hobbes, J. Locke, David Hume und August Comte, kennen nur « Werden » und « Geschehen », nicht ein dingliches *Wassein.* Das ist nur abstraktiv erkennbar.

Die *metaphysische* Methode führt allein zur richtigen Auffassung der Menschennatur. Sie geht vom Tatsächlichen, dem Singulare aus und schreitet dann, immer von der äußeren und inneren Erfahrung gestützt, abstrahierend, von den vegetativen, animalischen, rationellen Tätigkeiten zur *Natur* als Prinzip all dieser Tätigkeiten vorwärts. Nur so kommt man zum Wesen des Menschen als: *vernünftiges Sinneswesen.* Auch im Menschen ist die Wesenheit der Maßstab des Seins, des menschlichen *Ganzseins.* Auch im Menschen unterscheiden sich *Wesen-*

[1] « Est tamen attendendum, quod quia rationes (essentiae) rerum mutabilium sunt immutabiles, sic quidquid est nobis naturale quasi pertinens ad ipsam hominis rationem, nullo modo mutatur ». In V. Eth. lect. 12.

[2] Droit naturel et droit positif. Rev. thom. 16 (1933) 26.

[3] L'Etat et le droit, l. c. 192a ff.

[4] Droit naturel et Démocratie, 12, 16, 31.

[5] *Cathrein,* a. a. O. 442 ff.

heit und *Natur* nur logisch. Erstere wird als Seinsprinzip, letztere als Tätigkeitsprinzip genommen [1]. Letzteres interessiert uns gerade hier; denn das Gesetz und Recht bedeutet formell immer eine *Hinordnung zur Tätigkeit* und damit zum Ziele und den Mitteln zu demselben.

Wir werden im folgenden über das Wesen des Menschen noch Genaueres sagen. Hier sei nur bemerkt, daß der Mensch als *vernünftiges* Sinneswesen in gewissem Grade *Selbstgesetzgeber* und *Selbstleiter* zu seinem Ziele ist, und daß diese *eigentliche Seinshinordnung* der rationellen Menschennatur zum Ziele, zum bonum an sich, zur Glückseligkeit, die tiefere Grundlage des Naturrechts ist. Doch darüber später bei den Ausführungen über das Wesen.

5. Die Schwierigkeiten.

Es gibt Einwände gegen die Unveränderlichkeit des Naturrechts, die auf den ersten Blick grundlos erscheinen. So sind nähere *Bestimmungen* des Naturrechts durch positive Gesetze offenbar keine Veränderungen desselben. Es bleibt in sich ja das, was es ist [2]. Auch die sog. *Subtraktion* bedeutet evident keine Veränderung. Sie besteht darin, daß eine Rechtsmaterie infolge eines höheren Gesetzes einem untergeordneten Gesetze *entzogen* wird. So ist es dem Menschen an sich nicht erlaubt, Unschuldige zu töten, wohl aber Gott, dem Herrn über Leben und Tod. So gehören die Waffen an sich allerdings dem Eigentümer. Aber sie dem Betrunkenen oder Verrückten oder dem Landesverräter ausliefern, damit er sie gebrauche, ist wegen dem höheren Gemeinwohl unstatthaft [3]. Damit wird an sich weder das niedrigere noch das höhere Gesetz und Recht aufgehoben oder verändert. Solche *Rechtssubordinationen* gibt es in allen Rechtsphären, und jede Appellation von einem niedrigeren an einen höheren Gerichtshof bedeutet eine solche Subtraktion, wo von einer Rechtsveränderung keine Rede sein kann. Im Gegenteil: es geschieht im Interesse des bleibenden unveränderlichen Rechtes.

Schon Rommen hat auf die Bedeutung der Realdistinktion von *Wesenheit und Existenz* für das Naturrecht hingewiesen [4]. In der Tat ist

[1] I 39, 2 ad 3.
[2] I-II 94, 5; III. Sent. Dist. 37, 3.
[3] I-II 94, 5; 100, 8 ad 3; III. Sent. Dist. 37 q. 1 a. 3; IV. Sent. Dist. 33 a. 2 ad 1.
[4] A. a. O. 77.

ohne sie die Unveränderlichkeit des Naturrechts unmittelbar bedroht. Außer in Gott, ist alles *Existenzielle an sich veränderlich* und kontingent. Ist im Menschen die Wesenheit mit der Existenz real absolut identisch, dann ist sie selbst, wie die Existenz, veränderlich. Dann gibt es keine real begründete *allgemeine* Menschennatur und folglich kein real begründetes Naturrecht. Das ist alles furchtbar logisch und sicher, weil in der Universalienlehre begründet! Hier sind wir auch auf dem richtigen Wege zu jener wichtigen Unterscheidung: was im kreatürlichen Dinge *per se unveränderlich* und *per accidens* doch *veränderlich* ist. « Per se » sind die Wesenheiten der kreatürlichen Dinge unveränderlich; denn Sein ist immer Sein und nicht Nichtsein, und Ursache ist immer Ursache und nicht Wirkung. Aber ratione *existentiae*, kraft der kontingenten Existenz, kann auch die Wesenheit geschöpflicher Dinge, per accidens also, veränderlich genannt werden. So sagt in diesem Sinne präzis Thomas von Aquin: Das Naturrecht ist immer und überall « quantum ad se » unveränderlich dasselbe [1]. Und dennoch kann es « per accidens ad corruptionem individui », d. h. infolge seiner existenziellen Unvollkommenheit ausnahmsweise in diesem oder jenem verdorbenen Individuum infolge der Leidenschaften und der gestörten normalen Erkenntnis Wandlungen unterworfen sein [2]. Wissen wir ja sogar, daß die Germanen den Diebstahl, den auch Caesar für naturwidrig erklärt, für erlaubt hielten. Doch gilt auch das nie von dem, was jedermann leicht und unmittelbar für unerlaubt erkennt, wie solches bei den allerobersten Moralprinzipien der Fall ist, weil sie *direkt das innerste Wesen* des Naturrechts berühren [3]. Daher kann niemand die Glückseligkeit nicht wollen.

Aus juristischen Kreisen [4] hören wir zuweilen den Einwand: Entweder sind die Naturprinzipien so *allgemein*, daß sie nicht mehr auf ganz *verschiedene* Rechtsfälle und Gebiete anwendbar sind, oder sie werden von den positiven Gesetzgebern je nach Land, Rasse und Zeit ganz *verschieden* angewandt, und dann sind sie nicht mehr *leitende*

[1] « Dicendum, quod jus naturale *semper* et *ubique*, quantum ad se, habet eandem potentiam ». IV. Sent. Dist. 33 q. 1 a. 2 ad 1.

[2] Auf den Einwand: « universalia sunt perpetua » antwortet Thomas, daß das Universale auch im Einzelding ein perpetuum sei: « quia non corrumpitur per se, sed per accidens ad corruptionem individui ». De Verit. q. 1 a. 5 ad 14. Dazu auch De spirit. creat. a. 10 ad 8 u. I 86, 3.

[3] I-II 94, 4 u. 5; I-II 97, 1 ad 1; 100, 8 ad 3

[4] Vgl. *W. Burckhardt*, L'Etat et le droit, l. c. 198a ff.

Axiome für *die Anwendung*. Wir antworten: Die obersten Naturprinzipien sind so absolut allgemein, daß sie *potenziell* alle die verschiedenen Rechtsgebiete umfassen und daher dem positiven Gesetzgeber, dem allein die *aktuelle Anwendung* auf *besondere* und *verschiedene* Rechtsgebiete zukommt, als *allgemeinste Richtlinien* dienen können und sollen. Das Naturrecht hat nicht selbst die Aufgabe der Anwendung des Rechts auf die verschiedenen Fälle. Das ist Sache der positiven Gesetzgebung. Aber *Leitstern* soll es dem positiven Legislator bei der Anwendung, die seine Sache ist, sein. Gewiß kann der positive Gesetzgeber bei der Anwendung des Naturgesetzes auch irren [1]. Vielleicht hat er aber bisher deshalb am meisten geirrt, weil er kein Naturrecht annehmen wollte und daher so oft führerlos war!

Schlußendlich betonen wir nochmals: Der heutige Sturm gegen das Naturrecht, und vor allem seine *Unveränderlichkeit*, erklärt sich nur, oder wenigstens zumeist, weil die Frage eine eminent *metaphysische* und daher *Weltanschauungs-Frage* ist. Daher der ewige Widerspruch, daß alle Gegner des Naturrechts doch wieder Naturrechtler sind gegen ihren Willen, weil sie auch von Hause aus Metaphysiker sind, obgleich sie nicht wollen!

[1] I-II 97, 1.

Art. 7.

Das Wesen des Naturrechts.

Beginnen wir mit einer gewissen Reduktion des Rechtsbegriffes, der wir dann zwei Hauptgedanken über das Wesen des Naturrechts folgen lassen, nämlich : *warum* das Naturrecht in der Menschennatur sein Fundament habe, und welches der *Sinn* dieser These sei.

« Recht » — ius —, so betonten wir bereits früher, ist ein eminent *analoger* Begriff [1] und dementsprechend auch der Begriff der « Pflicht ». Beide Begriffe haben also in verschiedenen Ordnungen nur proportionell identischen Sinn. Doch reden wir hier nur von der *philosophischen* Ordnung. Schon hier bedeutet « Recht » in einem allgemeinsten Sinne alles natürlich-sittlich Geordnete ; es umfaßt also die ganze natürliche Sittenlehre mit dem Naturrecht als Fundament, mit all den Pflichten gegen *Gott, sich selbst* und den *Nächsten,* somit auch die Verpflichtungen der *Gerechtigkeit,* der Justiz, die das *Recht im engeren Sinne* ausmachen. Letztere fassen wir nun genauer ins Auge, insofern sie den festen Willen besagen, jedem, also dem *anderen,* das zu geben, was ihm *schuldig* ist [2]. Hier kann bekanntlich « Recht » wieder in ganz verschiedenem Sinne genommen werden, wo aber schließlich alle Bezeichnungen auf *ein* Moment zurücklaufen, also eine wahre Reduktion stattfinden kann und muß. Daß der *Ort,* wo Recht gesprochen wird, *Gerichtshof,* von Rechtsprechen seinen Namen und Bedeutung hat, und ebenfalls der « Richter », und auch die *Rechtswissenschaft,* die über das Recht unterrichtet, leuchtet ein [3]. Wichtiger und grundlegender ist die Unterscheidung von *objektivem* oder materialem und *subjektivem* oder formalem Recht [4]. Der Name *objektives Recht* deutet schon hin auf die Sache — materia :

[1] V. Eth. c. 2 (II 54, 20). Ib. c. 3 (II 55, 34).
[2] I-II 61, 2 ; II-II 57, 1 u. 2.
[3] II-II 57, 1 ad 1.
[4] Vgl. *Trendelenburg,* Naturrecht, 70-71.

das eigentliche *iustum*, das dem anderen gehört, pflichtig ist. Das begründet im anderen als Rechtssubjekt eine moralische Befugnis über die Sache, die ihm gebührt = *subjektives Recht*. Diese Befugnis über die schuldige Sache bezieht sich : α) entweder auf eine schon besessene Sache = *ius in re*, oder β) auf die erst zu besitzende Sache = *ius ad rem*. Es ist einleuchtend, daß das subjektive Recht das objektive voraussetzt, sonst ist es kein Recht [1]. Somit hangen alle diese Rechtsbezeichnungen vom *Rechtsobjekt* ab. Und dieses, von was hängt das ab ? Von dem gerechten *Gesetze* als ratio iusti = Grund des Pflichtigen ; denn die lex ist der Maßstab aller menschlichen Handlungen [2]. Und die positiven Gesetze ihrerseits, da sie entweder Konklusionen oder nähere Bestimmungen des Naturgesetzes sind, hangen vom *Naturrechte* als höchster natürlicher Rechtsnorm ab [3]. Das Naturrecht ist also *Norm aller natürlichen Handlungen*, aller Tugendakte, auch der Akte der Gerechtigkeit [4], und die Norm, welche Abirrungen, wenigstens mittelbar, verurteilt [5]. Damit haben wir die vollständige Reduktion der verschiedenen Rechtsbegriffe auf den Grundbegriff : erstlich läuft alles auf das objektive Recht zurück, dann dieses auf das Gesetz, endlich alle Gesetze auf das Naturrecht.

Folglich ist das Naturrecht in der philosophischen Ordnung, d. h. in der nichtgeoffenbarten, die **höchste Rechtsnorm** aller sittlichen und rechtlichen Handlungen ! [6] Damit tritt nun die rationelle Menschennatur ins Zentrum der ganzen Naturrechtslehre. Da das Naturrecht oder Gesetz eben das Recht der menschlichen Natur oder Wesenheit ist, wie der Name besagt, ist die rationelle Menschennatur, *allerdings in ihrer Beziehung zum ewigen göttlichen Gesetze*, die höchste Norm, der höchste Maßstab alles sittlich rechtlichen Handelns der ganzen Sittenordnung. *Warum ? In welchem Sinne ?* Das sind die beiden Hauptfragen, die hier zu erörtern sind.

1. Warum ist die Menschennatur sittliche Norm und daher Grundlage des Naturrechts ?

Die aufgestellte These wurzelt in einer herrlichen *Tradition*, die wir hier zuerst berühren. Wir haben die Grundlinie dieser Tradition, die von Sokrates ausging, schon früher erwähnt. Wir erwähnten auch

[1] I-II 95, 2 ; II-II 60, 5 ad 1.
[2] I-II 90, 1 ; ib. 2 ; ib. 4.
[3] I-II 95, 2.
[4] I-II 94, 3.
[5] II-II 85, 1 ad 1.
[6] I-II 71, 6 ad 4.

wie schon *Aristoteles* in seiner herrlichen Nikomachischen Ethik die Menschennatur zur Quelle der sittlichen Ordnung machte [1]. Von den Modernen haben Trendelenburg [2] und der eminente Historiker Ed. Zeller [3] ihn ganz richtig im genannten Sinne interpretiert und ihm zugestimmt. Ihm folgte *Tullius Cicero*, der die rationelle Natur im Menschen, die ihn vom Tiere unterscheidet, als das Erhabenste feierte : « decorum id esse, quod consentaneum sit hominis excellentiae in eo, quo natura eius a reliquis animantibus differat » [4]. Man hat behauptet, *Thomas* hätte selten ausdrücklich die Menschennatur als Quelle des Naturrechts hervorgehoben. Wir bemerken dazu, daß er da, wo er ex professo vom Naturrechte redet, mehr als 6 mal die natura humana als Grundlage hervorhebt [5], und daß er in III. C. G. c. 129, wo er Gründe für die Existenz des Naturrechts anführt, hauptsächlich von der dem Menschen eigentümlichen Natur ausgeht. Häufig redet er von dem rationellen Teile der menschlichen Natur, da dieser, die andern Prinzipien enthaltend, in unserer Frage maßgebend ist. Im gleichen Sinne ist auch einfach die Rede von der *Seele* oder auch der *Form* des Menschen [6]. Selbstverständlich ist die ratio humana nur insofern richtiger Maßstab, als sie von der Realität der Dinge [7] und der göttlichen Ratio abhängt [8]. Die gleiche Stellungnahme haben wir bei Card. *Cajetan* [9], bei *Lessius* [10]. Die gleichen Pfade wandelt die große Phalanx der spanischen scharfsinnigen Theologen : *Vásquez* [11], *Dominicus Soto* [12], *Franciscus de Vitoria* und *Suarez* [13]. Die Relectio X des Vitoria interessiert uns besonders. Über den Mord handelnd, bekämpft er mit zahlreichen Argumenten die irrige Ansicht, wie wenn die Menschennatur an sich das Übel, « malum » wollen und daher nicht Maßstab des Guten sein könnte [14]. Neben noch anderen, gehörten auch die beiden Lugo,

[1] I. Eth. c. 7 u. c. 13.
[2] Naturrecht auf dem Grunde der Ethik, 38.
[3] Vorträge und Abhandlungen, 3. Sammlung, 183.
[4] De offic. I c. 27.
[5] I-II 91, 2 ; 92, 2 ; 94, 3 ; 94, 5 ; Comm. in V. Eth. lect. 12.
[6] Comm. in I. Eth. lect. 10 u. 12.
[7] I-II 19, 3.
[8] Ib. a. 4.
[9] Comm. in I-II 94, 1 (Ed. Leonina).
[10] Tract. de iustitia, Sect. I c. 2 dub. 6.
[11] « Prima regula est natura ipsa rationalis, quatenus rationalis ». In I-II disp. 58 c. 2.
[12] De iure et iust. l. 1 q. 4 a. 1 u. 3.
[13] De legibus l. 2 c. 5 n. 9 u. 14.
[14] Relectiones tredecim ; Rel. X n. 3 (Ed. Ingolst. 1580).

Johannes und Franciscus, hieher [1]. Typisch ist es vielleicht, daß selbst *Hugo Grotius* unsere These noch in eine neue Zeit hinüberrettete [2].

Den inneren *theoretischen* Gründen, die für die rationale Menschennatur als höchste sittliche Norm sprechen, werden wir den tiefsten und allgemeinsten Grund, der eigentlich der Grund der Gründe ist, vorausschicken.

Die Menschennatur ist real dasselbe wie die **Menschenwesenheit.** Die Wesenheit ist aber in jeglichem Dinge, wie früher betont, der Maßstab des dinglichen Totalseins. Im Menschen muß also die Wesenheit Maßstab der sittlichen Tätigkeit sein [3].

Klarer wird der soeben gegebene Grund sofort, wenn wir zweitens sagen : die sittliche Tätigkeit ist offenbar eine **menschliche,** ja eine dem Menschen als solchen eigene Tätigkeit, ansonst käme sie hier gar nicht in Betracht. Nun aber gilt da das allgemein unleugbare Axiom : Die dem Dinge eigentümliche Tätigkeit folgt seiner Natur und aus seiner Natur : « Propria operatio uniuscuiusque ipsius naturam sequitur » [4]. Also kann nur die Menschennatur nächster Maßstab der sittlichen Tätigkeit sein.

Dasselbe kommt uns klar zum Bewußtsein, wenn wir das innere Wesen der **Sittlichkeit** selbst ins Auge fassen. Sittliches Handeln bedeutet ohne Zweifel *rationell freies Handeln* im Hinblick auf das höchste Ziel. Das durch freies Handeln erreichbare Ziel setzt aber offenbar innerlich notwendig die vernünftig freie Menschennatur als Quelle und Maßstab voraus, da gerade sie und nur sie das Allgemeingut, das nur in Gott verwirklicht wird, erkennt und vermöge ihrer Wahlfreiheit die Mittel zum Ziele frei zu wählen vermag.

So die Frage gelöst, leuchtet es auch ein, wie nur die Menschennatur, als eine höchste sittliche Norm, alle die notwendigen **Eigenschaften** besitzt, die eine solche höchste Norm besitzen muß. Sie ist die *erste* Norm, die mit jedem Menschen ins Dasein tritt, und daher auch der *allgemeinste* Maßstab, der *immer* und *überall* und *jeden* Menschen in allen seinen Tätigkeiten führt. Sie ist aber auch eine *tiefste* Norm, weil sie das Sittlich-Menschliche überhaupt konstituiert !

[1] Vgl. *Cathrein,* a. a. O. I, 237.

[2] « Ius naturale est dictamen *rectae rationis,* indicans actui alicui ex eius convenientia aut disconvenientia cum ipsa natura rationali inesse moralem turpitudinem ». De iure belli et pacis, l. 1 c. 1 § 10.

[3] I-II 18, 2.

[4] III. C. G. 129.

Logisch folgt daher aus dem Gesagten auch, daß, obzwar von den Einzeltugenden jede ihr Eigensein besitzt, ohne Menschennatur und folglich ohne Naturrecht es überhaupt in der rein natürlichen Ordnung gar keine Tugend geben würde. Wir haben im Naturrecht den Maßstab der **Tugend an sich**[1]. Ohne Gesetz keine Tugend, ohne Naturgesetz kein Gesetz ! Wiederum folgt logisch aus dem Gesagten, daß die vernünftige Menschennatur, als recta ratio, auch zunächst der höchste Maßstab des Unterschieds vom **sittlich Guten** und **sittlich Bösen** sein muß. Je nachdem die sittlichen Handlungen mit der Menschenvernunft als Abbild der göttlichen Ratio übereinstimmen, oder ihr widersprechen, oder zu ihr indifferent sind, haben wir das *sittlich Gute an sich,* oder das *sittlich Böse an sich,* oder die *Indifferenz* in der Tätigkeit : « In actibus autem *bonum* et *malum* dicitur per comparationem ad *rationem,* quia ... bonum hominis est sec. rationem esse ; malum autem, quod est praeter rationem : unicuique enim rei est bonum, quod convenit ei sec. suam formam ; et malum, quod est ei praeter ordinem suae formae : patet ergo, quod *differentia boni et mali* circa obiectum considerata comparatur *per se ad rationem* scl. sec. quod obiectum est ei *conveniens* vel *non-conveniens :* dicuntur autem aliqui actus humani vel morales, sec. quod sunt a *ratione.* Unde manifestum est, quod *bonum* et *malum* diversificant speciem in actibus moralibus ; differentiae enim per se diversificant speciem »[2].

So wird die vernünftige Menschennatur in Übereinstimmung mit der Ratio divina auch zur höchsten **Einheitsnorm** aller sittlichen Tätigkeiten, die entweder nach ihrem *Objekte*[3], oder *Ziele*[4], oder den *Umständen*[5] als sittlich *Gutes* oder *Schlechtes* oder *Indifferentes*[6] beurteilt werden müssen. Damit ist auch gesagt, daß es im Thomismus einen gewissen Relativismus[7] gibt, der dennoch kein « Moralrelativismus » ist. Das sittlich Gute der Handlung, das immer von der Vernunft gemessen wird, ist immer ein bonum relativum, da ein und dasselbe, je nachdem es von der Vernunft nach *dem* oder *jenem* gemessen wird, gut oder bös sein kann. So ist die sexuelle Verbindung in der gesetzlichen Ehe gut, im Ehebruch bös, sogar etwas *an sich Böses*[8].

[1] I-II 94, 3.
[2] I-II 18, 5 ; u. ad 1 u. 2 ; 18, 8.
[3] I-II 18, 2.
[4] Ib. 18, 4 ; u. 6.
[5] Ib. 18, 3.
[6] Ib. 18, 8.
[7] I-II 18, 2 ad 2.
[8] Ib. 18, 5 ad 3.

2. Der innere Sinn des Naturrechts.

Suchen wir zuerst, durch einige Vorbemerkungen in der Form von Präzisierungen dem innersten Wesen des Naturrechts näherzurücken, wobei auch früher Gesagtes nicht unerwähnt bleibt. Die derzeitigen Kontroversen beweisen, daß das nicht unnötig ist.

1. Gewiß ist das Naturrecht ein **Gesetz**, aber eigener Art. Es hat nichts zu tun mit den rein *empirisch-physikalischen Gesetzen* der experimentalen Wissenschaft, die nur Erscheinungsreihen angehen und keine innere Notwendigkeit enthalten, da sie nicht quidditativ sind, sondern nur *tatsächliche* Verhältnisse aufzeigen. Das hat Prof. Burckhardt in Bern, wie früher gesagt wurde, richtig und scharf betont [1]. Die ganze Welt gehört in ihrer rein *positiven Gestaltung*, die auch eine ganz andere sein könnte, ins rein empirische Gebiet hinein. Wer daher auf diesem Gebiete von Naturrecht spricht, oder auch die Galileifrage mit Naturrecht in Beziehung bringt, weiß überhaupt nicht, was Naturrecht ist. Letzteres ist eminent *quidditativ*, nicht bloß quantitativ. Aber selbst von den *naturphilosophischen* Gesetzen der Natur, die abstraktiv von den Körperwesenheiten ausgehen, unterscheidet sich das Naturrecht. Wenngleich jene Wesensgesetze sind, so beziehen sie sich doch nicht auf ein *rationales* Wesen, wie der Mensch ein solches ist, der durch Vernunft und freien Willen in gewissem Grade *Selbstgesetzgeber* und *Selbstleiter* seiner Tätigkeit ist [2]. Darum hat das Naturrecht im engeren Sinne auch nichts zu tun mit dem *tierischen* Leben [3].

2. Eine weitere Präzision ist notwendig bezüglich des Begriffes **Natur**. Auch er ist an sich wieder eminent vieldeutig [4]. Sozusagen alle philosophischen Richtungen reden von « Natur » und daher häufig von Naturrecht in einem ganz anderen Sinne als wir hier.

I. Der Begriff « Natur » wird hier in *realistischem* Sinne genommen, insofern der Begriff durch *Abstraktion* aus der Erfahrung geschöpft wird. Wer dem Begriffe mit Kant und St. Mill nur subjektiven, phänomenalistischen Sinn gibt, also ihn nur auf Erscheinungskomplexe anwendet, kommt nie zum Naturrecht in unserem Sinne. Die Menschen-

[1] Walter Burckhardt ist sonst Gegner des Naturrechts. Gegen ihn schrieb vortrefflich *B. Mathis* O. M. Cap. in seinem Buche « Rechtspositivismus und Naturrecht ». Paderborn 1933, 28 ff.

[2] I-II 91, 2 ad 3 ; 95, 5.

[3] I-II 91, 2 ad 3.

[4] Vgl. *Eisler*, « Natur ».

natur muß als *reale Wesenheit* des Menschseins und Prinzips der realen Tätigkeiten aufgefaßt werden [1]. Daß diese Fassung die Abstraktion notwendig voraussetzt, ist wahr. Aber ohne Abstraktion gibt es nicht bloß keine Metaphysik, sondern auch keine Jurisprudenz, sagen wir, keine ersten sicheren Beweisprinzipien, also überhaupt kein sicheres Wissen. Insofern ist das Geheul gegen abstraktives Wissen einfach einfältig !

II. Folglich hat Naturrecht in unserem Sinne auch nichts zu tun mit einem Naturrecht, das auf dem Mythus der Nation oder Rasse begründet wäre [2].

III. Weiter sei betont, daß wir in dem metaphysisch gefaßten Naturrechte die **Ganznatur** des Menschen in der Unterordnung des Niedrigeren unter das Höchste, das « Vernünftige » als Grundlage betrachten [3]. Das will sagen : das vegetative und animalische Leben, das Erkennen und Wollen, individuell und sozial genommen, in der Unterordnung unter das *Vernünftige*, gehören zur Menschennatur. Die Geschichte beweist, wie oft in der Fassung des Naturrechts gegen diesen Punkt durch Einseitigkeit gesündigt wurde. So war der *individualistische Eudaimonismus* der Materialisten aller Zeiten ebenso einseitig wie der *Sozialeudaimonismus* eines August Comte, Stuart Mill und Paulsen. Dasselbe gilt von dem sog. *Kulturfortschrittsprinzip* W. Wundts. Die einen berücksichtigten einseitig das Individuum, die anderen nur die Gemeinschaft [4]. Dasselbe gilt vom Vernunftrecht im Sinne der Aufklärung des 17. und 18. Jahrhunderts [5]. Nicht in der Vernunft als Fähigkeit liegt das wahre Naturrecht — sie verkündet es nur durch die ersten Prinzipien —, sondern in der *rationalen Menschennatur als Seinsprinzip* und Herrscherprinzip der ganzen Natur, abhängig von der objektiven Wahrheit. Welch fatale Folgen die Einseitigkeit haben kann und muß, haben die alten und modernen Hedonisten mit Hobbes, Rousseau und den Darwinisten bewiesen, die, gestützt auf Naturrecht, die scheußlichsten Verbrechen, wie Blutschande, Kannibalismus, Auffressen der alt gewordenen Eltern rechtfertigten. Man kann sich, sagt A. M. Weiß, kaum einen Greuel denken, der nicht aus der Natur gerechtfertigt worden wäre [6].

[1] I 39, 2 ad 3.
[2] Vgl. *H. Nawiasky*, Allgemeine Rechtslehre als System der rechtlichen Grundbegriffe. Einsiedeln 1941, 24.
[3] I 77, 4 ; I 78, 1.
[4] Vgl. *Cathrein*, a. a. O. I 155 ff. ; 246.
[5] Vgl, *Nawiasky*, das.
[6] A. a. O. I 195.

Im Lichte des aristotelisch-thomistischen Naturrechts ist es kaum begreiflich, wenn Nawiasky sagt : das Naturrecht sei gewissermaßen *vormenschlich* und *übermenschlich ;* « es stammt aus der Natur selbst » [1]. Und wieder : es könnte mit dem positiven Rechte kein System bilden, weil es eine andere « Substanz » zum Gegenstande hätte [2]. Eben deshalb ist unser Naturrecht sehr menschlich, weil es, von der realen Menschennatur, vom Rationalen ausgehend, rationell fortschreitend, rationelle Resultate erzielt.

Damit sind wir nun bei der Hauptfrage auf der Suche nach dem innersten Sinne des Naturrechts angekommen. Wir wollen dem Leser auch gleich den Plan des weiteren Vorgehens nahelegen.

Verstand und Wille künden uns das Naturrecht an. Daher die erste Frage : *wie steht das Naturrecht zu Verstand und Wille ?* Die tiefere ratio formalis des Naturrechts *liegt in unserer rationalen Natur.* Hierüber an zweiter Stelle. Letztinstanzlich ist das Naturrecht in der *göttlichen Ratio* verankert. Davon an dritter Stelle.

a) *Naturrecht und Verstand und Wille.*

Wir berühren bereits hier eine geschichtlich berühmte Streitfrage.

Schon Otto von Gierke unterschied diesbezüglich drei verschiedene Ansichten : nach den einen gehört das Naturrecht seiner Substanz nach — so drückt er sich aus — *nur dem Verstande an* ; nach einigen hängt es *nur vom Willen ab,* nach anderen von *Verstand und Wille* [3]. Lange vor Gierke hat schon Suarez Anhänger der drei Richtungen aufgezeigt [4]. Die Zugehörigkeit der verschiedenen Anhänger zu den drei Ansichten wurde nicht immer im gleichen Sinne entschieden. Es hat auch keinen Sinn, darüber lang zu streiten. Sicher gehören alle Voluntaristen, wie Ockham, Peter d'Ailly, Gabriel Biel (Gierke [5] und Suarez [6] zitierten sie) zu den Anhängern des bloßen Willens. Soto, Leibniz und Vásquez sollen nur für den Verstand eingetreten sein. Thomas selbst wird bald zur zweiten, bald wieder zur dritten Ansicht gerechnet [7]. Unseres Erachtens liegen Mißverständnisse vor. Selbstverständlich lehnen wir die voluntaristische Ansicht ab. Unseres Er-

[1] Das. 24. Trotz all dem gibt *Nawiasky* zu (25), daß es Fälle gibt im Völkerrecht, wo naturrechtliche Prinzipien in das positive Recht übernommen wurden. Das nennt er dann eine Denaturierung des Naturrechts !

[2] Das. 24.

[3] Johannes Althusius, 1913, 73 [44].

[4] De legibus, l. 1 c. 5 n. 1 ss.

[5] Das.

[6] Ib. c. 5 n. 8.

[7] *Gierke,* das.

achtens tragen beide: *Verstand und Wille*, zur Substanz des Naturrechts bei, aber verschieden. Der Verstand spielt dabei die führende Rolle und konstituiert das Naturrecht formell; der Wille ist geleitet vom Verstande, er bewegt unter der Leitung des Verstandes, von dem er also determiniert wird, in ordine formae, und verhält sich also materiell. Wir erklären uns noch genauer, da die Terminologie dem Leser neu erscheinen möchte.

α) Wir sagten soeben: der Verstand spielt beim Naturrechte die **formelle** Rolle [1]. Das will sagen: er ist leitend, weil *Lichtträger*.

Das geht schon klar hervor aus dem, was wir oben sagten: Was « Gut » und « Böse » ist, wird von der recta ratio, also dem Verstande, gemessen, und auch der Wille ist gut und bös, ja nachdem er mit der recta ratio übereinstimmt oder nicht [2]. Da nun das Naturrecht in der natürlichen Ordnung die oberste Norm zur Unterscheidung von Gut und Bös ist, muß in ihm der Verstand, die recta ratio, die *erste, führende*, lichttragende Rolle spielen, d. h. sein Beitrag gibt dem Naturrecht das « Formelle », wodurch es überhaupt « Recht » ist.

Das Gleiche erhellt auch aus dem Begriffe des *Gesetzes*. Thomas hat von der lex eine Definition gegeben, die nicht allein Soto bewunderte [3], sondern die auch der gelehrte Spanier Balmes mit den höchsten Lobsprüchen feierte [4]. Thomas definiert das Gesetz als: « Ordinatio rationis ad bonum commune ab eo, qui communitatis curam habet promulgata » [5], also: eine Hinordnung der Vernunft zum Gesamtwohl, erlassen und bekanntgegeben von dem, der die Obsorge für die Gemeinschaft hat. Das, was uns hier besonders interessiert, liegt in den Worten « ordinatio rationis ». Damit drückt das Gesetz aus seinem innersten Wesen den *Maßstab* der Tätigkeit und die Leitung derselben aus [6]; eine « *Regel* », nach welcher, wie Soto sagt, Recht und Unrecht gemessen werden, ein « Herrschen » in der Tätigkeit zum Ziele [7]. Alles das steht offenbar und nach allgemeiner Auffassung nur der Vernunft zu. Damit liegt auch im Gesetze, wie wieder Balmes sagte, der *Schutzwall gegen Willkür* und Tyrannei [8], steht das wahre Gesetz

[1] So bezeichnet *Thomas* die Aufgabe des Verstandes als eine formelle, I-II 9, 1.

[2] I-II 34, 4; ib. 90, 1 ad 3.

[3] De iustitia et iure q. 1 a 1 (Ed. Venet. 1684).

[4] Vgl. *C. Gonzalez*, Philosophie des hl. Thomas von Aquin (Übersetzung von Nolte), III 365.

[5] I-II 90, 4. [6] I-II 90, 1. [7] Ib.

[8] « Lex tyrannica, cum non sit secundum rationem, non est simpliciter lex, sed magis est quaedam perversitas legis ». I-II 92, 1 ad 4.

dem gefährlichen Satze: « Quod principi placuit, legis habet vigorem » gegenüber [1].

Gilt nun das Gesagte von jedem Gesetze, so gilt es a fortiori von dem Gesetze aller Gesetze, dem Naturrecht. Die eminente lichttragende Rolle, welche die ratio humana hier spielt, wird uns sofort klar, wenn wir daran erinnern, daß nur der Verstand dem Willen sein natürliches Ziel, das bonum commune, aufzeigt [2], daß er auch bei der Wahl der Mittel zum Ziele nicht allein uns allgemein belehrt, welches bona particularia sind [3], sondern bei der Einzelwahl — electio — in seinem iudicium practicum uns ein bestimmtes wählbares Gut vorschlägt [4]. So spielt der Verstand beim Naturrecht führende, leuchtende Rolle!

β) Dessenungeachtet, so scheint es uns, spielt auch der Wille als zweites Prinzip, dem Verstande folgend und von ihm geleitet und determiniert — also **materiell**, eine substanzielle Rolle in der *Konstituierung* jedes Gesetzes und daher auch des Naturrechts. Als Gründe führen wir folgende an:

1. Das Naturrecht liegt, wie oben betont, in der *Ganznatur* des Menschen, und zwar in der Unterordnung des niedrigen Menschen unter den höheren, d. h. den rationellen. Zu letzterem gehört nun offenbar nicht bloß der Verstand, sondern auch der Wille, der nur im freien Menschen das abstrahierte bonum in communi notwendig anstrebt — bei keinem tierischen Wesen ist das der Fall —, und in der freien Wahl der Mittel — electio — zum Ziele, sogar der ratio gegenüber *entscheidend* ist — wiederum im Unterschied vom Tier. Hier haben wir bekanntlich den *thomistischen Primat des Willens* [5]. Alles das ergibt sich aus der rationalen Natur des Menschen, die Grundlage des Naturrechts ist [6].

2. Gewisse Thomisten [7], mit den extremen Intellektualisten, betonen allerdings, daß schon in der bloßen Vorschrift des Verstandes in der praktischen Ordnung bereits eine « *intimatio* », eine notwendige *Hinordnung* zum Handeln, ein Befehl enthalten sei. Daß eine solche

[1] I-II 90, 1 ad 3; vgl. *Gonzalez*, a. a. O. 370.

[2] I 82, 3; IV. Sent. dist. 33 q. 1 a. 1.

[3] I-II 17, 1 ad 2.

[4] I-II 13, 6.

[5] *Manser*, Wesen des Thomismus, 178 ff.

[6] Bei Suarez hat diese Rolle des Willens sogar einen übertriebenen Einfluß gehabt, sodaß er der voluntaristischen Ansicht den Vorzug gibt. De legibus, l. 1 c. 5 n. 24.

[7] Vgl. *Billuart*, Summa S. Thomas, tract. De legibus, Diss. I a. 1.

Hinordnung enthalten ist im *Befehle* — imperium — des Verstandes, leugne ich nicht. Aber woher kommt sie, wenn nicht *vom Willen* ? Hören wir, wie Thomas von Aquin hierüber denkt, wenn er I-II 90, 1 ad 3 sagt : «Dicendum, quod ratio habet vim movendi a voluntate... ex hoc enim, quod aliquis vult finem, ratio imperat de his, quae sunt ad finem ; sed voluntas de his quae imperantur, ad hoc quod legis rationem habeat, oportet, quod sit aliqua ratione regulata : et hoc modo intelligitur, quod *voluntas principis habet vigorem legis :* alioquin voluntas principis magis esset iniquitas quam lex » [1]. Hier hat Thomas beide Prinzipien : *Verstand* und *Wille*, in ihrer Unterordnung, insofern sie das Naturrecht wesenhaft konstituieren, hervorgehoben, der Verstand formell, der Wille materiell, ähnlich wie Seele und Leib das Wesen des Menschen konstituieren.

Damit verwechseln wir durchaus nicht : «Gesetz» und « *Gesetzesausführung* », executio. Daß letztere eminent vom Willen abhängt, leuchtet jedermann ein. Die tatsächliche Ausführung des Gesetzes gehört aber durchaus nicht zum Wesen des Gesetzes, denn Recht ist Recht, ob es tatsächlich ausgeführt wird oder nicht. Wir behaupten aber hier mehr : nämlich, daß der Wille des Legislators *zur Ausführung* zum Wesen des Rechts und Gesetzes gehört, freilich unter Leitung des Verstandes. Ein Gesetz ohne den Willen des Gesetzgebers zur Ausführung ist überhaupt keine Norm *zum Handeln*, also kein Gesetz in der praktischen Ordnung, keine Norm in ordine agendi [2]. Gott, der höchste Legislator, will offenbar notwendig die Erfüllung der lex aeterna [3] und damit auch der lex naturalis, wie Jaccoud trefflich hervorgehoben : « La loi naturelle est fondée d'abord sur l'intelligence divine, qui la définit, sur la volonté divine, qui l'impose » [4]. Dasselbe gilt für jeden Legislator. Ohne den Willen zur Erfüllung hat kein Erlaß Gesetzescharakter für die praktische Ordnung. Daher die begründete Redeweise : « das » und « das » lag nicht in der Absicht und dem Willen des Gesetzgebers, also ist es nicht maßgebend. Beide also : Verstand und Wille konstituieren das Gesetz und daher auch das Naturrecht.

[1] Dasselbe sagt er in I-II 17, 1, wo der berühmte Satz sich findet : « quod hoc ipsum quod ratio movet imperando, *sit ei ex virtute voluntatis* ». Sehr klar äußert sich *Thomas* darüber I-II 97, 3 : « Omnis lex proficiscitur ex ratione et voluntate ».

[2] Vgl. Das Wesen des Thomismus, 178 ff.

[3] Das sagt *Thomas* ausdrücklich I-II 97, 3.

[4] Droit naturel chez saint Thomas, 36.

b) Die Menschennatur als tiefere Grundlage.

Merkwürdige Erscheinung! Man proklamiert die rationale Menschennatur als Grundlage des Naturrechts, spricht aber dann nur von seinen *ersten Prinzipien*, ohne auf die Menschennatur selbst zurückzugehen. Mit anderen verlegt *Odon Lottin* das Naturrecht ausdrücklich in die obersten Prinzipien selbst: « La loi naturelle consiste dans les jugements primordiaux de l'ordre moral ; la syndérèse en est l'habitus »[1]. Ähnlich redet sogar der ausgezeichnete Jaccoud: « Nous définissons le Droit naturel en soi et objectivement : l'ensemble des devoirs et des droits inhérents à l'homme, en suite de sa nature d'être doué de raison ou de personne »[2]. Jaccoud bestreitet sogar, daß die rationale Menschennatur Grundlage im eigentlichen Sinne mit verpflichtender Kraft — force — des Naturrechts sei[3]. Aber wie können wir in diesem Falle von Naturrecht und naturrechtlichen Pflichten reden? Eine Klärung ist da notwendig!

Wir leugnen gewiß nicht, daß jene ersten Prinzipien, z. B. das Gute ist zu wollen, nicht naturrechtlich seien. Aber sie sind nicht das *Naturrecht selbst*, sondern schon ein *Ausfluß* desselben. Jede Vielheit läuft wurzelhaft auf eine Einheit zurück[4]. Jenes Einheitsprinzip liegt zunächst in der Menschennatur, in ihrem *rationalen Sein*, aus dem die Vielheit der obersten Prinzipien als Tätigkeitsnormen hervorgehen, ganz nach dem Axiom: « Operatio sequitur esse »[5]. Die Menschennatur in ihrem rationalen Sein als Abbild der göttlichen Ratio und, wie Thomas sagt, als Eigengesetzgeberin im gewissen Grade[6] ist also *ihrem Sein* nach — ontisch — wirkliche verpflichtende Grundlage des Naturrechts. Das betonen wir dem hochgeschätzten Jaccoud gegenüber. Wir bewegen uns hier überall in der **Seinsordnung**, die jeder Tätigkeit vorausgeht: weil der Mensch seiner Natur und Wesenheit nach ein vernünftiges Lebewesen ist, muß er *seinsgemäß* hingeordnet sein, durch den Verstand das bonum commune als Ziel abstraktiv zu erkennen, sodann durch den Verstand geeignet sein, die Proportion der Mittel zum Ziele abzumessen; zweitens ist der Mensch aus seinem vernünftigen Wesen *seinsgemäß* hingeordnet, durch seinen Willen nicht

[1] Le droit naturel chez saint Thomas d'Aquin et ses prédécesseurs. Bruges 1931, 70, 71, 73.

[2] l. c. 14. [3] l. c. 37. [4] I-II 17, 4.

[5] I 65, 2; vgl. hierüber das prächtige Buch von *E. Welty*, Gemeinschaft und Einzelmensch. Salzburg 1935, 87.

[6] I-II 91, 2 ad 3.

allein die niedrigen Mächte zu beherrschen, sondern das bonum commune als Ziel anzustreben und die Mittel zum Ziele zu wählen [1]. So offenbart sich das Naturrecht als ontischer **Naturdrang, Naturtrieb** oder **Impuls** der *rationalen Natur*, der allen Naturbestrebungen, allen *Potenzen* und *Habitus* und *Tätigkeitsaktus*, allen Erkenntnis- und Willensprinzipien zugrunde liegt, von ihnen also vorausgesetzt wird. So das Naturrecht *entitativ* aufgefaßt, d. h. insofern es in dem *Sein* der vernünftigen Menschennatur liegt, leuchtet es ein, wie Thomas diese lex einfach der « naturalis inclinatio » des Menschen gleichsetzen kann [2], die ontisch auch im Kinde vorhanden ist [3]; als etwas bezeichnet, was *per se inest* [4], die erste Hinordnung zu unseren Tätigkeiten überhaupt [5]; oder wieder : « uns innewohnend », wie die Unsterblichkeit der Seele [6], oder, um mit Vitoria zu sprechen, die in uns ist wie die Anlage zum Lachen, die risibilitas [7]. Auch Suarez nennt sie eine vis naturae [8]. Soto ist vor allem bestrebt, die lex naturalis von der *Synderesis* scharf zu unterscheiden. Letztere ist der Habitus der obersten Moralprinzipien, während die lex naturalis schon für die Erkenntnis jener Prinzipien vorausgesetzt wird [9]. So haben wir auch nach Thomas drei Begriffe wohl zu unterscheiden : die *Synderesis* ist der Habitus der ersten praktischen Prinzipien [10]; das *Gewissen*, conscientia, wendet sie auf den Einzelfall an [11]; das *Naturrecht* oder Gesetz wird für alles das schon vorausgesetzt, aber hält die ersten Prinzipien fest, bald aktuell, bald habituell [12].

Also liegt die tiefste *ratio formalis* des Naturrechts in der *Seinsordnung*, zunächst in dem Sein der vernünftigen Menschennatur, dann im Sein der göttlichen Ratio, deren besonderes Abbild die menschliche ratio ist. In diesem Sinne muß die Definition des hl. Thomas vom Naturrecht verstanden werden : « Lex naturalis nihil aliud est, quam conceptio homini indita, qua dirigitur ad convenienter agendum in

[1] IV. Sent. dist. 33 q. 1 a. 1.

[2] « In ipsa participatur ratio aeterna per quam habet naturalem inclinationem ad debitum actum et finem » (I-II 91, 1). Dasselbe I-II 94, 2 ad 2, 3, 4, 5; IV. Sent. dist. 26 q. 1 a. 1; II-II 108, 2.

[3] I-II 94, 1; dazu *Soto*, De iustitia et iure, l. 1 q. 4 a. 1.

[4] I-II 10, 1.

[5] I-II 91, 1 ad 2.

[6] I-II 94, 1 ad 1.

[7] « Naturale ergo est illud, quod per se convenit, ut risibilitas est naturalis et rationalitas, quia per se homini adhaeret. Sic dicitur ius naturale, quia per se est ius et ex se ». Comm. in II-II 57 a. 1 (Ed. Beltrán de Heredia O. P., 1934).

[8] De legibus, l. 2 c. 5 n. 9 u. 14.

[9] De iure et iustitia, l. 1 q. 4 a. 1.

[10] I 79, 12; I-II 19, 5.

[11] I 79, 13

[12] I-II 94, 1.

actionibus propriis »[1] = ein dem Menschen innewohnendes Richtmaß (Fassung) für alle seine ihm eigenen Tätigkeiten.

Es ist absolut verfehlt, jene angeborene « conceptio » oder auch jene anderen Ausdrücke : «impressio» — Einprägung — und «infusio» — Eingießung —, die Thomas vom Naturrecht gebraucht[2], im Sinne einer bloßen *Tätigkeit* Gottes zu deuten. Sie haben ontischen Sinn, d. h. sie beziehen sich ureigenst auf die *Seinsordnung*, genauer : auf die Wesenheit als Seinsabdruck der göttlichen Wesenheit, der göttlichen Ratio[3]. Gemeint wird mit all diesen Ausdrücken : **das von Gott empfangene, eminent gottähnliche rationale Sein der Menschennatur als Eigenprinzip all ihrer eigentümlichen, zielbestimmten Tätigkeiten**[4]. Somit hangen Verstand und Wille, die uns das Naturrecht *tätig offenbaren*, von etwas viel Tieferem, der rationalen Menschennatur ab, in der folglich erst die tiefere *ratio formalis* des Naturrechts liegt und wovon es auch den eigentlichen Namen « *Naturrecht* » besitzt. Indes gibt es noch eine tiefste Grundlage, die Ratio divina selbst, welcher die rationale Menschennatur nachgebildet ist.

c) *Die tiefste, letzte Grundlage des Naturrechts.*

Es liegt durchaus kein Widerspruch darin, daß wir über der Menschennatur noch eine tiefere, letzte Grundlage des Naturrechts suchen ; denn alles Geschöpfliche hat zwar *Eigensein* und eigene Definition, findet aber doch nur in der prima causa die endgültige Erklärung. Das betonen wir pantheistischen Allüren gegenüber.

Im Gegenteil ! Die Vernunft verlangt noch ein über der Menschennatur liegendes, höchstes Prinzip des Naturrechts.

Der Versuch des Hugo Grotius und späterer Rationalisten, das Naturrecht von jedem höheren göttlichen Gesetze unabhängig zu machen, war ein Irrweg[5]. Er bedeutete einen Bruch mit der teleologischen Weltanschauung. Obgleich gläubig, stand Grotius im Gegen-

[1] IV. Sent. dist. 33 q. 1 a. 1.

[2] IV. Sent. dist. 33 q. 1 a. 1 ; I-II 91, 2.

[3] I-II 71, 6 ad 4 ; I-II 100, 8 ad 2.

[4] « Sicut autem in rebus agentibus ex necessitate naturae sunt principia actionum *ipsae formae*, a quibus operationes propriae prodeunt convenientes fini, ita in his, quae cognitionem participant, principia agendi sunt cognitio et appetitus ; unde oportet, quod in *vi* cognoscitiva sit *naturalis conceptio* et in vi appetitiva *naturalis inclinatio*, quibus operatio conveniens ... reddatur competens fini ». IV. Sent. dist. 33 q. 1 a. 1.

[5] *Weiß*, a. a. O. IV 190 ; *Jaccoud*, Droit nat. et démocr. 37.

satz zur Heiligen Schrift, Ps. 4, 7 : « Das Licht Deines Angesichtes, Herr, ist gezeichnet über uns ». Im grellsten Gegensatze stand er sogar zu den ältesten heidnischen Auffassungen, die mit Sokrates, Plato, Aristoteles, Cicero, Marc Aurel das Naturrecht auf göttlichen Ursprung zurückführten [1].

Das ist aber nicht alles, was hier gegen jene Auffassung gesagt werden muß. Sie widerspricht auch dem *innersten Wesen des Naturrechts*, und zwar, wenn man die Frage im Lichte der *Akt- und Potenzlehre* betrachtet. Seiner ganzen Anlage nach, wie es entitativ existenziell in der rationalen Menschennatur liegt und sich äußert, ist das Naturrecht *passiv*, d. h. *gegeben*, d. h. von einem *anderen*. Gegeben ist einmal jede *existierende Menschennatur*, da sie einst nicht war und wieder nicht sein kann ; sie hat also kontingentes Sein : ratione existentiae. Gegeben von einem anderen ist dem Menschen ferner das *bonum in communi*, die Glückseligkeit als eigentliches *Ziel*. Gegeben ist dem rationalen Menschen in seiner realen Existenz auch seine innere Seinsweise und *Seinshinordnung* zum *bonum*, zum Glücke ; denn er kann sein Glück nicht nichtwollen. Gegeben ist dem Menschen existenziell auch jene *Unterordnung* der Teilgüter unter das absolute Vollgut und schließlich auch die *Wahlfähigkeit* der Mittel zum Ziele. Und da alle diese naturnotwendigen Hinordnungen des rationalen Menschen in erster Linie der *Intelligenzordnung* angehören und dann der *Willensordnung*, von der die Existenz abhängig war und ist, so kann das Naturrecht nur von einer höchsten, aktiven, *intelligenten* und *wollenden* Weisheit abhangen. Das ist eben die lex aeterna [2]. So konnte Thomas unter diesem Gesichtspunkte das Naturrecht definieren als « *Teilnahme des ewigen Gesetzes in der rationalen Kreatur* » [3]. Wie scharf Thomas in der geschilderten Abhängigkeit des Naturrechts von der göttlichen Weisheit den Voluntarismus ausgeschlossen haben wollte, geht daraus hervor, daß er mit einer ihm ungewohnten Vehemenz erklärt : behaupten, die Justiz hange in erster Linie nicht von der göttlichen Weisheit, sondern vom Willen ab, ist *gotteslästerlich :* « blasphemum » [4].

[1] *A. Weiß*, a. a. O. IV 190 ff. ; *A. Molien*, Dict. de Théol. cath. « Lois » ; *Eisler*, a. a. O. « Rechtsphilosophie ».

[2] I-II 93, 3.

[3] « Lex naturalis nihil aliud est, quam participatio legis aeternae in creatura rationali ». I-II 91, 2.

[4] « Dicere autem, quod ex simplici voluntate dependeat iustitia, est dicere, quod divina voluntas non procedat secundum ordinem sapientiae, quod est *blasphemum* ». De Verit. q. 23 a. 6.

Aber wenn der Atheist die Existenz eines höchst weisen göttlichen Wesens leugnet, wie steht es dann mit dem Naturrecht ? Dann ist ihm das Naturrecht eine unerklärbare Tatsache, die er eben nicht erklären kann, wie die ganze Schöpfung ohne Gott für ihn ein unerklärliches Rätsel ist und sein muß. Und hier offenbart sich der Irrweg des Hugo Grotius in seiner letzten absurden Folgerung, die er, als gläubiger Christ, selber nicht wollte, die aber doch folgt, weil die eiserne Folgerichtigkeit der Wahrheit stärker und mächtiger ist als der Menschenverstand und Wille !

Die ganze obige Auseinandersetzung ruht auf dem **Exemplarismus,** der aber nicht selten, auch auf unserer Seite, irrig aufgefaßt wird, und zwar gerade bezüglich des Naturrechts. Alle Dingwesenheiten — oder rationes rerum, wie Thomas sagt — haben ihre vorbildlichen Ursachen — causae exemplares — in den göttlichen Ideen, insofern Gott, von Ewigkeit her seine Wesenheit in unendlich verschiedenen Graden als *nachahmbar* erkennend, die Dingwesenheiten schöpferisch hervorbrachte nach seinen Ideen : « Sic igitur inquantum Deus cognoscit suam essentiam ut *sic imitabilem* a tali creatura, cognoscit eam ut propriam rationem et ideam huius creaturae et similiter de aliis » [1]. Das ist ganz allgemein die berühmte Teilnahme der Dinge an Gottes Wesenheit, die Thomas ausdrücklich eine participatio essentiae divinae secundum similitudinem (Ähnlichkeit) nennt [2]. So sind die irdischen Dinge exemplata der göttlichen Ideen und Wesenheit, und Gottes Wesenheit ist das Exemplar = das Urbild. Die rationale Menschennatur als « rationale » ist im eminenten Sinne ein Abbild des göttlichen Urbildes, insofern sie mit Vernunft und freiem Willen für sich selbst und andere Fürsorge treffen kann, « sibi ipsi et aliis providens ». So ist das Naturrecht, das in der rationalen Menschennatur liegt, in *besonderer Weise* eine Teilnahme an der lex aeterna [3]. Ja, Thomas sagt sogar : *Es ist dasselbe* wie die lex aeterna [4] ; es ist die Teilnahme

[1] I 15 a. 2. [2] Ib. u. ad 2.

[3] « Manifestum est, quod omnia participant aliqualiter legem aeternam, inquantum sc. ex impressione eius habent inclinationes in proprios actus et fines. Inter caetera autem *rationalis* creatura excellentiori quodam modo divinae providentiae subiacet, inquantum et ipsa fit providentiae particeps, *sibi ipsi et aliis* providens ; unde et in ipsa participatur ratio aeterna, per quam habet naturalem inclinationem ad debitum actum et finem ; et talis participatio legis aeternae in rationali creatura lex naturalis dicitur ». I-II 91, 2.

[4] Ib. ad 1.

des ewigen Gesetzes in der rationalen Kreatur : « participatio legis aeternae in rationali creatura »[1]. Wie soll man das interpretieren ?

Etwa im Sinne des berühmten pantheistischen göttlichen « Seelenfünkleins », jener neuplatonischen « scintilla animae » ? So etwas gibt's bei Thomas wohlweislich nicht. Er spricht übrigens nur von einer « Teilnahme », und zwar « secundum similitudinem » (Ähnlichkeit). Aber welches ist denn der Sinn ? Ratio humana und ratio divina verhalten sich zueinander wie Abbild — exemplatum — und Urbild — exemplar. Und diese ? Das Urbild ist immer vollkommener als das Abbild[2]. Im Exemplarismus, richtig verstanden, sind Urbild und Abbild nie *existenziell* dasselbe, denn es gibt nicht zwei Singularia, die ut sic identisch sind. Aber zwischen beiden kann in ordine *repraesentandi*, d.h. nach dem zu *vergegenwärtigenden* Inhalt oder der repräsentierenden Form nach[3], neben anderweitiger, sogar unendlicher Distanz, eine proportionelle Identität vorhanden sein, wobei dann die Analogata, weil der Seinsweise nach verschieden, einander doch nur ähnlich sind[4]. Dieser Fall liegt in jeder wahren natürlichen Gotteserkenntnis aus dem Geschöpfe vor. So verhalten sich präzis ratio humana und divina zueinander. Insofern die ratio humana, also lex naturalis, die Ratio divina kundgibt, ist sie identisch mit ihr und somit eine wahre Teilnahme an der göttlichen Ratio, trotz unendlicher Distanz bezüglich des aktuellen Seins. Ohne die Analogia proportionalitatis wird man diese Frage nicht klären, noch die berühmte impressio divina im Naturgesetze !

[1] I-II 91, 2.

[2] « Semper autem id quod est perfectissimum, est *exemplar* eius, quod est minus perfectum secundum suum modum ». III 56, 1 ad 3.

[3] « Dicendum, quod exemplata oportet conformari exemplari sec. *rationem formae*, non autem sec. modum essendi ». I 78, 4 ad 2 ; De Verit. q. 8 a. 8 ad 1.

[4] I 44, 3 ad 1 ; I-II 91, 3 ad 1.

Art. 8.

Die ersten Prinzipien des Naturrechts.

Wie es in der spekulativen Ordnung erste und höchste Prinzipien gibt, so ist dasselbe der Fall in der praktischen Ordnung. Und wie dort das Widerspruchsprinzip unter den ersten Prinzipien den Primat innehält, weil die anderen zwar nicht von ihm abgeleitet werden, aber doch in ihrer Gültigkeit von ihm abhangen, so halten wir dafür, daß es auch unter den obersten Prinzipien der praktischen Ordnung ein erstes Fundamentalprinzip gibt, von dem alle anderen in ihrem Werte abhangen. Gerade der letztere Gedanke wurde, wie uns scheint, auch bei uns stark vernachlässigt. Und doch ist er grundlegend!

Machen wir vorerst den Versuch, über die verschiedenen Gesichtspunkte, unter denen die ersten Prinzipien unterschieden wurden, eine kurze Übersicht zu gewinnen.

Bekanntlich hat man praktische Prinzipien unterschieden:

a) Nach der *Person*, auf die sich die Verpflichtungen beziehen. So erhielt man 3 Klassen: 1. Verpflichtungen gegen *Gott;* 2. solche gegen den *Nächsten*, und 3. solche gegen *sich selbst*. Schon Suarez [1] und nachher auch Rommen [2] wiesen mit anderen auf diese Einteilung hin.

b) Andere wieder unterscheiden die Naturvorschriften, vor allem je nachdem sich dieselben auf die *Gerechtigkeit* oder aber auf die *Liebe* beziehen.

c) Schon bedeutend wichtiger war die Unterscheidung je nach den verschiedenen Graden der *Evidenz* in 3 Gruppen:

α) Vorschriften, welche jedermann unmittelbar evident sind;

[1] De legibus l. 2 c. 8 n. 3.
[2] A. a. O. 209-210.

β) andere, die zwar auch unmittelbar evident sind, aber nur den « Weisen », also quoad nos nicht allen ;

γ) endlich solche, die nur mittelst *Schluß* erreichbar sind [1].

d) Die wichtigste Einteilung der Naturprinzipien nennen wir jene, die die verschiedenen *Naturhinordnungen*, « inclinationes naturales » ins Auge faßt. Das ist gleichsam die « klassische » Einteilung, die formell das Naturgesetz und Naturrecht angeht [2], weil auch das Naturrecht im Naturimpuls liegt, wie wir oben dargetan. Dieser werden wir im folgenden die ganze Aufmerksamkeit schenken.

Aber gerade bezüglich letzterer müssen verschiedene Schwierigkeiten aufgeklärt werden, da sie nicht bloß sehr mangelhaft *begründet* wurde, sondern eine *Unterordnung* aller Prinzipien unter ein erstes vielfach fehlt. Mehrere Autoren wie Zigliara [3], Jos. Gredt [4], Kardinal Gonzalez [5], Prümmer [6], Soto [7], Cathrein [8], Plaßmann [9] proklamieren zwar ein allererstes Prinzip in der Formel: *Das Gute ist zu tun, das Böse zu meiden.* Andere Moralisten räumen den ersten Platz anderen Sätzen ein, so: « Liebe Gott »; oder « Lebe nach der vernünftigen Natur », oder « Was du nicht willst, das man dir tue, füge nicht anderen zu » [10]. Andere endlich kennen gar keinen Primat unter den obersten Moralprinzipien, wohl die Großzahl.

Wir möchten, ganz analog der spekulativen Ordnung, zuerst ein erstes Fundamentalprinzip aufstellen und es begründen, um dann die übrigen abgeleiteten Prinzipien darzustellen. Dadurch hoffen wir den Wirrwarr der verschiedenen Ansichten etwas abzuklären.

1. Das Fundamentalprinzip.

Welch hervorragende Rolle das « Gute an sich », ἀγαθόν, schon bei Sokrates und dann vor allem bei Plato spielte, ist bekannt. Plato

[1] *Thomas*, I-II 94, 2; *Suarez*, ib.

[2] I-II 94, 2; *Suarez*, ib. n. 3.

[3] Summa philosophica, III l. 2 c. 3 (24).

[4] Elementa philosophiae aristotelico-thomisticae (Ed. 7), II n. 939, 3.

[5] Phil. d. hl. Thomas (Übers. Nolte), III 374.

[6] Manual. Theol. mor. I n. 153.

[7] De iustitia et iure l. 1 q. 4 a. 2.

[8] A. a. O. I 360. Cathrein hat zwei Formeln, die dasselbe bedeuten sollten, aber meines Erachtens nicht dasselbe besagen, nämlich: « Du sollst die dem vernünftigen Menschen geziemende Ordnung einhalten » und « Tue das Gute und meide das Böse ».

[9] Schule des hl. Thomas, IV 752.

[10] Vgl. *Prümmer*, ib. n. 153 [2]; *A. Weiß*, a. a. O. I 349 u. 367.

galt die Idee des « Guten » als höchster Erkenntnisgegenstand, « μέγιστον μάθημα »[1] und das Prinzip alles Schönen, Wahren und Ethischen[2]. Berühmt ist der Satz, den Aristoteles an die Spitze seiner Ethik stellte : Um des Guten willen geschieht alles : « τἄγαθόν οὖ πάντα ἐφίεται »[3], und schon er proklamierte das Höchstgut als Ziel aller Ziele[4]. Ihnen folgte Thomas von Aquin, als er mit dem Satze : Das Gute ist zu wollen, das Böse zu meiden : « bonum est faciendum, malum evitandum », das Fundamentalprinzip aller Naturrechtsprinzipien aufstellte[5]. Zur *Begründung* dieses Fundamentalprinzips und über seine *Bedeutung* haben wir hier Mehreres zu sagen.

Bemerken wir hier vorerst, um den Leser richtig zu orientieren : drei Begriffe müssen vor allem auseinandergehalten werden : « willig » (voluntarium), « freiwillig » (liberum), « notwendig » (necessarium). Daß « freiwillig » und « notwendig » einander gegenseitig ausschließen, leuchtet jedermann ein : denn das erstere unterliegt der freien Wahl des Willens, das letztere nicht, weil es notwendig gewollt ist. Es kann aber etwas « willig » sein und doch nicht freiwillig, sondern notwendig gewollt. Letzteres wird in unserer Frage zutreffen.

Einleitend zur Begründung der fundamentalen Bedeutung des Satzes : Das Gute ist zu wollen, das Böse zu meiden, wollen wir zuerst die Analogie der beiden Ordnungen, der spekulativen und praktischen, im Sinne des hl. Thomas kurz darlegen.

Alles Erkennen zielt auf « Etwas », d. h. das « Sein als solches », hin ; denn das « Nichts » ist an sich nicht erkennbar. Ebenso zielt alles Wollen auf das Sein als « Gut », denn das Böse oder das Übel ist an sich nicht erstrebbar, weil etwas Negatives. Wie das Allgemein-Wahre in der spekulativen Ordnung Ziel alles Erkennens ist, so ist das Allgemein-Gute, das bonum commune, das Ziel alles Wollens in der praktischen Ordnung[6]. Das Gute als solches, d. h. das Vollgute, ist daher das letzte, höchste Ziel, das Wohl, das *Glück* des Willens in der ganzen praktischen Ordnung. Und zwar ist der Wille zum « bonum », zur Glückseligkeit so naturnotwendig hingeordnet, daß er

[1] Rep. VI 505 A ff.
[2] Ib. 508 E.
[3] I. Eth. Nic. c. 13,.
[4] Ib. c. 2 (Did. II 1, 20 ff.).
[5] I-II 94, 2 ; das gleiche Fundamentalprinzip stellt auch Cajetan auf im Comment. zu I-II 94, 6.
[6] Der Wille ist das Prinzip des Schaffens. I 60, 1 ; I-II 58, 1.

es *nicht nichtwollen* kann [1], denn selbst der Selbstmörder tötet sich selber nur, weil er den Tod für glücklicher hält als das Leben. Hier haben wir also ein voluntarium-necessarium, etwas, was der Wille willig notwendig, also nicht frei erstrebt [2]. Folglich ist das Böse, das « malum » etwas, was er an sich gar nicht anstreben kann, d. h. das er an sich naturnotwendig meiden muß, weil es « Unglück » ist.

Jetzt können wir die *fundamentale Bedeutung* des Satzes : « Das Gute ist zu wollen, das Böse zu meiden » in zwei Hauptsätzen dartun :

I. Ohne diesen Satz gibt es überhaupt gar **keine Tätigkeitsordnung,** keine *sittliche Ordnung, keine Ethik* und keine *Naturprinzipien des Handelns,* und zwar wieder aus drei Gründen :

1. Ohne das Gute als letztes Ziel der Tätigkeit gibt es **kein Tätigkeitsziel,** also kein Handeln. Das « bonum » = Glück, ist entweder Ziel alles Handelns, oder es gibt überhaupt kein Tätigsein [3].

2. Ohne das Gute als Ziel gibt es gar **kein Wollen,** denn erst das bonum als eigentümliches Objekt des Willens, das er naturnotwendig will, gibt dem Willen *das Wollen.* Folglich gibt es dann überhaupt keinen Willen, denn jede Fähigkeit ist nur Fähigkeit, insofern sie principium agendi hinsichtlich ihres Objektes ist [4].

3. Noch weniger gibt es dann freies Handeln, das ein Ziel voraussetzt, zu dem der Wille die Mittel auswählt [5]. **Ohne freies Wollen** gibt es aber offenbar keine Ethik als Gebiet des freien, sittlichen Handelns. Alle übrigen Naturprinzipien als Tätigkeitsnormen fallen also mit der Leugnung des Satzes : Das Gute ist zu wollen, das Böse zu meiden.

So schließt sich der Ring des Beweises für den ersten Hauptsatz : Ohne unsere These keine Tätigkeitsordnung ! Wir fügen gleich den zweiten Hauptsatz hinzu :

II. Der Satz : Das Gute ist zu wollen, das Böse zu meiden, **gibt erst allen anderen Naturprinzipien Wert und Bedeutung.**

Auch das ist nicht schwer zu beweisen. Wenn das Zauberwort « Glück », das eben im bonum begründet ist, fällt, d. h. wenn der

[1] « Solum autem perfectum bonum, quod est beatitudo, non potest ratio apprehendere sub ratione mali . . . et ideo *ex necessitate* vult homo *beatitudinem* nec potest velle non esse beatus aut miser ». I-II 13, 6 ; De Malo q. 6 ; I-II 10, 1.

[2] I-II 10, 1 ; I 12, 3 ; I. C. G. 80.

[3] I 82, 2.

[4] I 82, 1 u. 2 ; II. C. G. 25 ; De Verit. q. 25, 1 ad 6.

[5] I 83 ganze Quaestio ; De Verit. q. 24, ganze Quaestio ; De Verit. 22, 9 ; I 82, 2.

Mensch auf das Glück verzichten soll, was er naturgemäß gar nicht kann, was haben dann « Selbsterhaltung », « Leben », « Ernährung », « Wachstum », « Fortpflanzung », Familie, staatliches Zusammenleben, Wissen und Tugend noch für einen Zweck ? Was haben beim Verzicht auf Glück die Vorschriften : « Lebe und handle vernunftgemäß », « Liebe Gott », « Füge dem Nächsten nichts Böses zu », « Sei gerecht » usw., ich frage : was haben alle diese Gebote noch für einen Sinn, ohne jede Hoffnung auf Glück ? Alles ist dann widersinnig !

Anderseits, welch *positive* Bedeutung erhalten *alle übrigen Naturprinzipien* mit dem Glück als höchstes Ziel ! « Das Gute ist zu wollen » : enthält dieses Prinzip nicht schon virtuell alle anderen Prinzipien, wie der Aquinate sagt ? [1]. Sie sind ja nur die bestimmtere *Ausführung* dieses höchsten Prinzips. Die Hinordnung zum Glücke ist der lichtvolle Leiter für alle und allezeit, für das Individuum, wie für das soziale Leben : in der Ehe, Familie, Staat, Völker, gleichviel welchem Klima, Bildungsgrad, welcher Rasse und Sprache die Menschen angehören mögen. Niemand kann sich dieses Urstrebens entschlagen, auch der *Atheist* nicht, und wenn er es leugnet, lebt es doch auch in ihm, weil es unsterblich und untödlich dem tiefsten Wesen seines Willens entquillt, sodaß es den Leugner ewig immer wieder lügenstraft. So harmonieren spekulative und praktische Ordnung, indem in der ersteren das Widerspruchsprinzip, in der letzteren das höchste praktische Prinzip den Leugner zwingen, zu bejahen, was er geleugnet hat [2].

Das gleiche Prinzip gibt dem naturrechtlich eingestellten Menschenleben höchst *transzendentalen* Charakter. Das Streben nach dem Guten als solchem findet seine Verwirklichung nur in Gott, dem aktuell unendlichen Gut, dessen Besitz alle Übel ausschließt [3]. Freilich wählt der Mensch auf Erden Gott *frei*, weil das irdische *Gottsuchen* auch mit Übeln verbunden ist [4]. Aber die Naturhinordnung zum Guten an sich, zum bonum commune, ist steter *Wegweiser* zu Gott, in welchem es allein seine Verwirklichung erhält.

So dürfte die fundamentale Bedeutung des Satzes : « Das Gute ist zu wollen, das Böse zu meiden », dem Leser einleuchten. Vielleicht liegt aber der tiefste Beweis für den absoluten Primat unseres Prinzips darin, daß es *allein* unter allen Naturprinzipien *naturnotwendig erfüllt*

[1] I-II 94, 2. [2] Ib.
[3] I-II q. 2, 1-8.
[4] De Verit. q. 22, 2 ; I-II 5, 8 ; De Malo, 3, 3.

wird [1]. In der Tat gehören alle anderen Prinzipien bezüglich der Erfüllung in das Gebiet der *Freiheit.* Jeder ist z. B. frei, sich zu ernähren, sich selbst zu erhalten oder auch nicht. Das Gute aber, d. h. die Glückseligkeit will jedermann, immer und überall notwendig, auch wenn er es nicht will. Wie in Gott, ist auch in der Naturordnung das « notwendig » früher als das « frei », und die Notwendigkeit ist sogar die Quelle der Freiheit ! Das ist auch gegen den Gegner des Naturrechts und seiner Unveränderlichkeit der schlagendste Beweis für ein *unveränderliches* Naturrecht !

2. Die Hauptstufen der Naturrechtsprinzipien.

Wie groß der Wirrwarr hinsichtlich der obersten, ersten Naturrechtsprinzipien und ihrer Unterordnung ist, zeigt der folgende Satz eines ausgezeichneten Aristotelikers : « Zum Inhalt des Naturrechts gehören als evidente Prinzipien eigentlich nur zwei Normen : Das Gerechte ist zu tun, das Ungerechte zu lassen, und die uralte ehrwürdige Regel : Jedem das Seine. Diese Normen der praktischen Vernunft sind für diese von derselben grundlegenden Bedeutung wie die evidenten nicht beweisbaren Prinzipien der theoretischen Vernunft. Diese Urnormen, Wahrsprüche des Urgewissens, haben dieselbe Gewißheit und Evidenz wie jene » [2]. Wir bemerken Heinrich Rommen, dem tapferen Verteidiger des thomistischen Naturrechts gegenüber, daß ohne das Prinzip, « Das Gute ist zu wollen » usw., seine beiden Normen für uns weder evident noch Urnormen sind. Warum soll das Gerechte zu tun sein, wenn das Gute, die Glückseligkeit nicht notwendig anstrebenswert ist ? Kann von « Gerechtigkeit » und von dem « Seinen » überhaupt die Rede sein, wenn das « Gute » nicht schon Maßstab der Gerechtigkeit und dessen, was « cuique suum » bedeutet, ist ? Anderseits ist nur das transzendentale « Bonum » in der praktischen Ordnung auf der gleichen Linie, wie das « Sein » in der spekulativen Ordnung.

Obenan steht somit für uns, wie bereits gesagt, der Satz : Das Gute ist zu wollen, das Böse zu meiden. Es hat willig-notwendigen Inhalt und umfaßt einzig und allein den *Urtrieb* aller Naturtriebe und Neigungen der vernünftigen Menschennatur [3].

[1] I-II 13, 6.

[2] *Rommen*, a. a. O. 229-230.

[3] Wenn auch die Hinordnung zum Guten noch *nicht frei*, sondern naturnotwendig ist, so gehört sie doch schon in die eigentliche naturrechtliche Ordnung hinein, weil nur die rationale Natur als solche das bonum universale zu erkennen vermag.

Daneben gibt es in der animalisch vernünftigen Menschennatur in der Unterordnung des Niedrigeren unter das Höchste verschiedene *Seinsschichten*, um mich so auszudrücken, und folgerichtig einander über- und untergeordnete Naturtendenzen und daher Tätigkeitsprinzipien [1]. Auf dieser Grundlage vollzieht sich die genauere Ableitung der Hauptstufen der ersten Naturrechtsprinzipien [2]. Wir sprechen also nur von « Hauptstufen » ; denn jede dieser Stufen ist wieder Quelle anderer, untergeordneter Vorschriften, die unsere Vernunft, aber *nicht jede*, abzuleiten imstande ist. So ergibt sich für unsere Ableitung das Axiom : *So vielfach verschiedene Haupthinordnungen es im Menschen zum Guten gibt, ebenso vielfach sind die Hauptstufen des Naturrechts* [3]. Nun besitzt der Mensch :

I. Eine Hinordnung zum Guten, zum Wohle, die er mit allen selbständigen Naturwesen, den Pflanzen ebensowohl als den Tieren gemein hat, jene der **Selbsterhaltung,** die das erste Gut alles Seins ist und die dem Menschen nach seiner Natur als Lebewesen den *Schutz* und das *Recht*, ja sogar, da er das Leben von einem Höheren besitzt und nicht von sich, die *Pflicht* gibt, das Leben zu schützen [4]. Abgeleitet gehören hieher nicht bloß die Rechte auf das Leben und die *Notwehr* gegen ungerechte Angreifer [5], sondern negativ auch das Verbot des *Mordes* [6], der unberechtigten *Selbstverstümmelung* [7], des *Selbstmordes* [8], des *Kindermordes* durch direkte Abtreibung und des *Duells* [9].

II. Als **Sinneswesen** — animal — ist der Mensch weiter naturgemäß hingeordnet, unter Leitung der Vernunft, alles zu schützen, was das Sinneswesen durch sexuelle *Fortpflanzung, Ernährung, Wachstum* und Pflege und *Erhaltung der Nachkommenschaft* erhält [10].

III. Als **Mensch,** d. h. seiner spezifisch rationalen Natur nach, ist der Mensch hingeordnet zu allen Gütern, welche der vernünftigen Natur

[1] « Dicendum, quod sicut ratio in homine dominatur et imperat aliis potentiis, ita oportet, quod *omnes inclinationes naturales* ad alias potentias pertinentes ordinentur secundum rationem ; unde hoc est apud omnes communiter receptum, ut sec. rationem dirigantur omnes hominum inclinationes ». I-II, 94, 4 ad 3.

[2] I-II 94, 2.

[3] « Secundum igitur ordinem inclinationum naturalium est ordo praeceptorum legis naturae ». Ib.

[4] I-II 94, 2 ; III. C. G. c. 129.

[5] II-II 64, 7 ; 65, 1.

[6] II-II 64, 6.

[7] II-II 64, 2 ; ib. 3, 65, 1.

[8] Ib. 64, 2 ad 3 ; 64, 5 ; I-II 100, 8.

[9] Ib. 95, 2 ad 3.

[10] I-II 94, 2 ; III. C. G. 129.

als solcher naturgemäß sind [1]. Maßgebend ist hier ein doppelter Gesichtspunkt, ein *individueller* und *sozialer :*

a) Als rationales Individuum ist jeder Mensch Träger oder Inhaber einer besonderen Würde, nämlich der *Person.* Sie ist, wie Thomas sagt, das vollkommenste Sein in der ganzen Natur, « perfectissimum in tota natura » [2]. Was gibt der Person die Größe, die erhabene Würde ? Die Gründe sind mehrfache, die der Erwägung würdig sind. Die Person ist selbstverständlich nicht etwa ein bloßes « Aktzentrum », wie gewisse Moderne sie darstellen. Sie ist in erster Linie eine *Substanz,* nicht im naturwissenschaftlich experimentellen Sinn als ein « Geschehzentrum », sondern ein selbständiges, in sich und für sich geschlossenes, abgeschlossenes *Fürsichsein* — Suppositum, dem eine rationale Natur zugrunde liegt : « rationalis naturae individua substantia », wie schon Manlius Boethius gesagt [3]. Notieren wir einige wichtige Erklärungsmomente :

1. Jede Person, wie das « Ich » und « Du » es prägnant anzeigt, hat in der Seins- und Tätigkeitsordnung ihren für sich geschlossenen *Eigenbezirk,* der nicht ist wie ein anderer, weil alles in dieser Person ut sic, individuell ein anderes ist als in einer anderen Person : « divisum ab alio » ! [4]

2. Sie ist in sich das *Seins-* und *Tätigkeitszentrum* alles Diesesseins, « indivisum in se », weil alles : Seele, Leib, Natur und Eigenschaften ihr gehören, « comprehendens omnia, quae in re sunt » [5].

3. Daher ist jede Person *eigenrechtlich,* « sui iuris et alteri incommunicabilis », da sie die Menschennatur als Prinzip der Rechtsordnung enthält, und sie ihr gehört.

4. Daher ist sie in ihrem Eigenbezirk *Selbstzweck,* denn alles, was sie enthält, Seele, Leib und Natur, *sind, arbeiten* und *dienen* ihrem Wohle, sind für sie da, sind für ihre Selbstentwicklung da ; ja, das « Selbst » hat von ihr den Namen und den Sinn [6].

5. So erklärt sich erst, daß die Person allein *Rechtssubjekt* sein kann, weil alle Rechte und Pflichten bezüglich ihrer Seinsprinzipien in ihr zusammenlaufen und ihrer Verantwortlichkeit unterstellt sind.

[1] I-II 94, 2 ; III. C. G. c. 129.

[2] I 29, 3.

[3] I 29, 1.

[4] « Individuum autem est, quod est in se indistinctum, ab aliis vero distinctum » I 29, 4.

[5] III. Sent. dist. 5 q. 1 a. 3.

[6] I 29, 1. Vgl. auch *Rommen,* a. a. O. 215 ; *E. Welty,* Gemeinschaft und Einzelmensch, 83-84, 98.

6. Die *Ursache aber* all dieser Würde und Größe ist die rationale Natur [1], welche *Herrschereigenschaft* besitzt [2] und in gewissem Grade « Selbstgesetzgeberin » und Selbstvorseherin ist [3]. Daher sagt Thomas : Die Person ist in der ganzen Natur das Vollkommenste, da *sie in der rationalen Natur* subsistiert, « est perfectissimum in tota natura, scilicet subsistens in rationali natura » [4] ; und wiederum : Weil die Subsistenz in einer vernünftigen Natur hohe Würde bedeutet, deswegen wird jedes vernünftige Individuum Person genannt : « quia magnae dignitatis est in rationali natura subsistere, ideo omne individuum rationalis naturae dicitur persona » [5].

Alle menschlichen Rechte und Pflichten haben also in der Person ihren Träger. Deswegen eben werden sie « persönliche » Rechte und Pflichten genannt. Daß jede Person für sich naturrechtlich Anspruch machen kann auf die standesgemäße Ausbildung des Verstandes und Willens, leuchtet jedermann ein [6]. Daraus folgt auch die naturrechtlich begründete Pflicht zur *Tugend* [7]. Daraus ergeben sich naturgemäß die Pflichten und Rechte des Menschen zu seiner Geistesbildung nach dem Maße der Begabung und der sozialen Aufgaben, die das Naturrecht nur begründet, aber nicht näher bestimmt. Hier muß das Recht und die Pflicht zur religiösen Ausbildung von Verstand und Herz besonders erwähnt werden [8]. Der Besitz einer geistigen Seele gibt dem Einzelmenschen Rechte und Pflichten, die *über dieses Leben weit hinausragen* und daher an sich keiner irdischen Macht, wie der *Staat* eine ist, untergeordnet sein können. Hier hat das Prinzip : *Das Individuum lebt für die Art* oder der Einzelbürger für den Staat, nichts zu tun [9]. Hier haben wir eine Summe unantastbarer persönlicher Rechte, die vom Kinde im Mutterleibe bis zum Hinscheide jedes einzelnen dauern und deren Verletzung die Gesellschaft mit Fluch belastet !

[1] Hier gehe ich mit *Rommen* nicht einig : der *Urkeim* des Rechtes liegt nicht in der Person (239), noch ist die Person die « Wurzel » der *Ehre*, die dem Menschen gebührt (240). Das alles teile ich der *rationalen Natur* zu.

[2] I 29, 1.

[3] I-II 91, 2.

[4] I 29, 3 u. ad 2.

[5] I 29, 3 ad 2. Für ganz verfehlt halte ich es, wenn Autoren von « *geistiger* » Natur oder Person im Menschen reden. Nur die Seele ist geistig !

[6] II-II 65, 3 ; III. C. G. c. 129.

[7] I-II 94, 3. [8] Ib.

[9] I-II 21, 4 ad 3. Das betonte mit Recht *X. Basler* gegen *P. Tischleder* und *J. Mayer*. Vgl. *Divus Thomas*, Thomas von Aquin und die Begründung der Todesstrafe », 9 (1931), 69-90 u. 173-202.

b) Seiner innersten Natur nach ist der Mensch auch ein **soziales** Wesen, « animal sociale », d. h. er ist naturnotwendig zum gesellschaftlichen Leben als seinem Wohle und Gute hingeordnet [1]. Zwei Fragen müssen hier sehr gut unterschieden werden, die nicht immer unterschieden wurden: der erkenntnismäßige *Begründungsweg* und der tiefere, *ontische* Grund des Sozialcharakters [2]. Wir erkennen und begründen den Sozialcharakter des Menschen aus seinen offenkundigen *Bedürfnissen*, mit anderen zusammenzusein und zu leben : denn der Familie, der Urzelle alles sozialen Lebens, verdankt er den Ursprung. Ohne Schutz und Hilfe von seiten anderer in der Familie, Gemeinde und Staat müßte er verkümmern, wäre er nicht imstande, sein persönliches Glück zu finden. Aber die tiefere, ontische Ursache seines Sozialcharakters liegt in seiner rationalen Natur, die daher in ihrem Erkennen und Wollen zum Universale, zum Allgemeinen hingeordnet ist [3].

Ableitbar aus dem innersten sozialen Wesenscharakter des Menschen sind und wären viele soziale Hinordnungen zu nennen, von denen wir nur einige wenige grundlegende hervorheben, so : die Rechte und Pflichten der *ehelichen Gemeinschaft* [4], des *Familienlebens*, die Notwendigkeit und Autorität des *Staates* als vollkommener [5], wenn auch nicht unbeschränkter Gemeinschaft [6], das Recht auf *Privateigentum* [7]. Erwähnen wir noch weiter die gewaltige Bedeutung der sozialen bürgerlichen Tugenden, der *Nächstenliebe und Gerechtigkeit*, zwei Grundpfeiler des sozialen Friedens !

[1] I-II 94, 2.

[2] Vgl. *Welty*, a. a. O. 109. Welty hat das gegen *De Wulf* richtig betont in Note 108 zum ersten Abschnitt.

[3] So lehrt Thomas, daß der Mensch auch ohne Erbsünde in der Gemeinschaft gelebt hätte. III. Pol. lect. 5.

[4] IV. Sent. dist. 2 q. 7 a. 1 ; III. C. G. 122.

[5] I-II 90, 2 u. 3 ad 2 ; II-II 64, 2 ; 47, 11.

[6] I-II 21, 4 ad 3.

[7] II-II 66, 1 u. 2.

Art. 9.

Das Naturrecht und das ewige, göttliche, menschliche und Völker-Recht.

Schon die Alten unterschieden ein ius aeternum, ius divinum, ius humanum, ius gentium und ius naturale. Und diese Unterscheidung machten sie, trotzdem sie schließlich alles Recht auf Gott zurückführten. Da wir hier vom ius naturale eingehender handelten und weiter handeln werden, ist der Wunsch begründet, ich möchte diese verschiedenen Rechtsarten genauer voneinander unterscheiden. Dieser Wunsch ist umso berechtigter, weil diese Unterscheidung nicht bloß wichtig ist, sondern auch allein einen gewissen Einblick in die notwendige *Unterordnung* der verschiedenen Rechtssphären zu bieten imstande ist. Fassen wir zuerst das ewige Gesetz ins Auge und dann die Unterordnung aller Gesetze, auch des Naturrechts, unter die lex aeterna.

1. Das ewige Gesetz.

Daß wir vom ewigen Recht, der lex aeterna an erster Stelle handeln, kann dem Leser nicht auffallen, weil von ihm alle anderen abhangen und in ihm ihre letzte Klärung erhalten. Es genüge hier, auf drei Momente besonders hinzuweisen: die *Existenz*, das *Wesen* und die *Bedeutung* der lex aeterna.

Der erhabene Gedanke von der **Existenz** eines ewigen, ersten Gesetzes alles Handelns in der planenden göttlichen Weisheit als erster Ursache alles Gewordenen war bekanntlich auch den alten Heiden nicht unbekannt. Er trat vor allem in der Stimme des rächenden Gewissens, wie Hesiod berichtet, machtvoll hervor.

Kaum vergreift sich der Mensch am Gesetze, « der Tochter des Höchsten, so eilt sie erzürnt zum Himmel hinauf, zum Throne des Vaters, klagt ihm beredt, wie schlimm der Sinn der Menschen und fordert strenge

Strafe fürs Volk, das die Sünden der Könige büßet ... »[1]. Trefflich sagt Wilhelm Schneider: « Der bekannte Ausspruch: Der Mensch ist das Maß aller Dinge, gilt insofern auch für das Sittliche, als dessen *nächster* Maßstab die vernünftige Menschennatur ist. Sie wird dann aber nicht gedacht als auf sich selbst gestellt, sondern als Verwirklichung eines göttlichen Gedankens, als Abbild eines ewigen und unwandelbaren Urbildes. Auf Grund dieser Beziehung zur göttlichen Wesenheit ist auch sie ihrem Wesen nach unveränderlich »[2]. Schon *Sophokles* hat diesen Gedanken ausgesprochen, wenn er sagte, nicht das Menschengeschlecht hat die Gesetze erfunden, sondern im Himmel sind sie entstanden. Ihr Vater ist der hohe Olymp allein[3]. Für *Demosthenes* waren die Gesetze ein Geschenk Gottes[4]. Die Götter, so sagte *Euripides*, haben sie mit ihrem eigenen Finger geschrieben[5]. Mit Zeno nannte *Kleanthes* einfach Zeus das Gesetz[6]. Auch nach *Sokrates* sind, wie Xenophon berichtet, die Gesetze von der Gottheit der menschlichen Natur eingepflanzt[7]. *Plato* läßt den Protagoras erzählen, daß *Zeus*, um ein geselliges, friedliches Zusammenleben der Sterblichen zu ermöglichen, den Hermes abgesandt habe, um ihnen Ehrfurcht vor den sittlichen Satzungen einzuflößen[8]. Bekannt ist das herrliche Zeugnis des *Tullius Cicero* für das ewige Gesetz im Geiste der höchsten Gottheit, das er « recta ratio Jovis » genannt[9]. Schließlich laufen alle Zeugnisse auf den Satz des feurigen Heraklit zurück: es nähren sich alle menschlichen Gesetze von dem einen göttlichen[10]. A. M. Weiß hat auch auf andere altheidnische Völker hingewiesen. In Indien ist Varuna und später Agni der Gründer des Gesetzes und der Satzung Hüter. In Ägypten müssen die Verstorbenen vor dem hochheiligen Gott zur Rechenschaft erscheinen, dem Richter der Übeltäter, dem Erhalter der Gesetze[11]. Das ist in wenigen Zügen das Zeugnis der Altheiden für die Existenz der lex aeterna.

[1] Hesiod, Op. 258 ss. Vgl. *A. Weiß*, a. a. O. I 343.
[2] Göttliche Weltordnung und religiöse Sittlichkeit, a. a. O. 441.
[3] Sophocles, Oed. R. 865 (*Ahrens*).
[4] Demosthenes, Aristogiton (25), 1, 16. Vgl. *A. Weiß*, a. a. O. I 314.
[5] Euripides, Ion. 443.
[6] Bei Stob., Ecl. I. Vgl. *Cathrein*, a. a. O. I 313.
[7] Xenophon, Memorab. 4, 4; 19, 21.
[8] Plato, Protagoras, 322. C. D.
[9] « Quam ob rem lex vera atque princeps apta ad iubendum et vetandum ratio est recta summi Jovis ». De legibus II c. 4.
[10] Bei Stob. III 84.
[11] *A. Weiß*, a. a. O. I 344.

Der gesunde Menschenverstand pflichtet dieser These leicht zu. Das Dasein eines ersten intelligenten Wesens, ohne das überhaupt kein Gesetz und keine Ordnung endgültig erklärlich ist, zugegeben, folgt auch logisch, daß es Ursache des gewordenen Seins als *solchem*, also jedes Gewordenen sein muß [1], und folglich auch, daß es eine Vorsehung des Weltalls geben muß. Das setzt aber in Gott, dem höchsten Weltleiter, ein höchstes, alles beherrschendes Regierungsgesetz voraus, das nur ein *ewiges* sein kann, weil Gott von Ewigkeit her alles denkt und verordnet [2]. In der Annahme einer lex aeterna, d. h. ihrer Existenz, sind daher auch, wie Suarez betont [3], alle großen Theologen einig, so Cajetan, Soto, Alex. v. Hales usw., die besonders gern sich auf Cicero berufen.

Damit kommen wir nun zur näheren Bestimmung des **Wesens** der lex aeterna, die nicht so ganz leicht beschreibbar ist.

Beginnen wir mit einer gewissen Begrenzung des Gegenstandes, auf den die lex aeterna sich bezieht. Betonen wir vorerst, daß die lex aeterna real mit der Wesenheit Gottes identisch ist, da in Gott Wesenheit, Wille und Verstand und daher Weisheit und Regierungsgesetz real absolut identisch sind [4]. Betonen wir weiter, daß dem Gegenstande nach die lex aeterna mit dem Innenleben Gottes und daher dem trinitarischen Leben nichts zu tun hat, weil es in Gott nichts gibt, was einem anderen gesetzlich unterworfen sein könnte [5]. Folglich ist die lex aeterna in sich ebenso unerkennbar wie Gottes Wesenheit, mit der sie identisch ist [6]. Betonen wir ein Drittes, was aus dem Gesagten folgt, daß die lex aeterna als Regierungsnorm und Maßstab des Handelns sich nur auf die freie göttliche Regierung ad extra, d. h. die *Kreaturen* beziehen kann [7], aus denen sie auch allein *erkennbar ist* [8]. Betonen wir noch ein letztes Moment : alle kreatürlichen Wesen werden zwar von der lex aeterna zu ihrem Ziele und ihrer Tätigkeit hin-

[1] I 103, 5.

[2] I-II 91, 1 u. ad 1.

[3] De legibus II c. 1, 2.

[4] I-II 93, 4 ad 1.

[5] I-II 93, 4 u. ad 2 u. 3; *Suarez*, De legibus l. 2 c. 2 n. 1-3; *Soto*, De iustitia et iure l. 1 q. 3 a. 2.

[6] I-II 93, 2.

[7] « Sic igitur legi aeternae subduntur omnia, quae sunt in *rebus a Deo creatis*, sive sint contingentia sive sint necessaria ; ea vero, quae pertinent ad naturam vel essentiam divinam, legi aeternae non subduntur, sed sunt realiter ipsa lex aeterna ». I-II 93, 4 ; I 103, 5 u. 6 ; *Soto*, De iustitia et iure l. 1 q. 3 a. 4 ; *Suarez*, l. c. a. 4.

[8] I-II 93, 2 u. ad 1.

geleitet, doch in besonders vollkommener Weise der Mensch, da er, vermöge seiner vernünftigen Natur, auch imstande ist, die lex aeterna, wenn auch unvollkommen, zu erkennen, und so durch Erkennen und Streben zu seinem Ziele hingeleitet wird [1].

Da nun so der Gegenstand der lex aeterna näher begrenzt ist, können wir ihr inneres **Wesen** näher ins Auge fassen. Beschreiben wir dasselbe mit zwei Worten : die lex aeterna ist nichts anderes als die *planende* **Weisheit Gottes** als Weltregiererin. Thomas von Aquin definiert das ewige Gesetz als : « ratio divinae sapientiae, secundum quod est directiva omnium actuum et motionum » [2]. Genau genommen, enthält diese Definition der lex aeterna die zwei Wesensmomente, welche das ewige Gesetz konstituieren : das eine gehört in die Erkenntnisordnung, das andere geht den Willen an, und nur beide zusammen beschreiben uns die lex aeterna als oberste, höchste Norm alles weltlichen Seins und Geschehens.

a) Ehe der Künstler das Kunstwerk vollbringt, entwirft er es bildlich in seinem Geiste, und das geistige Bild ist für ihn die Vorlage, der Maßstab, also das Gesetz alles dessen, was nachher geschehen und nach dem er arbeiten soll. Gott als erster und höchster Künstler hat analog das Weltall als Kunstwerk von Ewigkeit her in seiner Künstleridee entworfen, **präkonzipiert**. Seine ewige Weisheit sah ewig voraus was und wie er als erste Ursache des Seins als solchen und daher alles Weltseins und aller Tätigkeitsprinzipien [3] das ganze Weltall in seiner ganzen Hinordnung zum Guten als Ziel hervorbringen und verwirklichen sollte. Eben dieses ewige Künstlerbild der göttlichen Weisheit, das in Gott selbst nur *eines ist*, in den geschaffenen Dingen aber unendlich vervielfältigt wurde, ist für Gott die Regierungsnorm, nach welcher er alles Geschaffene gedanklich zum Ziele hingeordnet hat [4]. Die lex aeterna ist unter diesem ersten Gesichtspunkt gleichsam das *Regierungsprogramm* Gottes für die Weltregierung, die Vorlage, nach welcher regiert werden soll, weshalb die Scholastik der lex aeterna unter diesem Gesichtspunkt auch die Benennung « lex indicans » gegeben hat. Es ist gleichsam die wegweisende Norm der Weltregierung, in

[1] I-II 93, 6 ; *Suarez*, De legibus l. 2 c. 2 n. 10, 12 u. 13.
[2] I-II 93, 1 ; *Soto*, De iustitia et iure l. 1 q. 3 a. 2.
[3] I-II 93, 1 ; I 103, 5.
[4] « Et ideo ipsa ratio gubernationis rerum in Deo sicut in principe universitatis existens legis habet rationem ». I-II 91, 1.

welcher Gott in ewiger Schau die ganze Weltordnung zu ihrem höchsten Ziele, dem Bonum, vor sich hat. Alles das gehört in die Erkenntnisordnung hinein.

b) Aber Regieren heißt nicht bloß Erkennen, sondern Bewegen zum gesteckten Ziele. Das ist Sache des **Willens**, dem Prinzip der praktischen Ordnung. Ist Gott die erste, höchste intelligente Ursache des Alls, dann muß er auch jedes Einzelne und das All zum Ziele in Bewegung setzen als « gubernator omnium actuum et motionum ». So wird die göttliche Weisheit *bewegend* zur Norm der ganzen Weltregierung : « ita ratio divinae sapientiae moventis omnia ad debitum finem obtinet rationem legis ». So wird uns die obige Definition der lex aeterna : « directiva omnium actuum et motionum » vollständig klar [1]. Sie ist von seiten Gottes : alles von Ewigkeit schauend und zum Ziele bewegend.

Hüten wir uns, die beiden Wesensmomente voneinander zu trennen. Wesensmomente einer Sache dürfen überhaupt nie getrennt, wohl aber sollen sie unterschieden werden. Ein Wille ohne Verstand und Weisheit handelt unvernünftig. Dagegen ist es ebenso wahr, daß, wer nur denkt und nichts will, nie ein *Werk* schafft [2], nicht einmal einen *Plan*, ein *Programm* besitzt. Ein Plan setzt die freie Auswahl von etwas Bestimmtem vor anderem, das nicht in den Plan aufgenommen wird, also den Willen voraus, und setzt dazu noch voraus, daß der Planende das will, was im Plane liegt. Ohne diesen doppelten *Willen* haben wir überhaupt gar keinen Plan. Ist dem so, dann setzt Gottes Weltregierungsplan notwendig den Willen des Schöpfers voraus, der diese tatsächlich geschaffene Welt vor jeder anderen frei auswählte und den ausgewählten Schöpfungsplan von Ewigkeit her in einer bestimmten Zeit erfüllt wissen will. So wird die lex indicans aeterna der göttlichen Weisheit durch den göttlichen Willen zu einer *imperans*, zu einer verpflichtenden. So ist die lex aeterna kurz und gut nichts anderes als die von Ewigkeit her *planende Weisheit* im höchsten Weltregenten.

[1] I-II 93, 1.

[2] « Scientia autem artificis est causa artificiatorum, eo quod artifex operatur sec. suum intellectum ... Sed considerandum est, quod forma naturalis, inquantum est forma manens in eo, cui dat esse, non nominat principium actionis, sed sec. quod habet inclinationem ad effectum. Et similiter forma intelligibilis non nominat principium actionis sec. quod est tantum in intelligente, nisi adiungatur ei inclinatio ad effectum, quae est per *voluntatem* ». I. 14, 8 ; I 32, 1 ad 3 ; I 74, 3 ad 3 ; I. C. G. 72.

Folglich spielen schon im höchsten aller Gesetze beide : *Verstand* und *Wille*, ihre Rolle [1], und kann man die lex aeterna « *Vernunftwille* » Gottes nennen, wie Thomas selber sie nennt [2].

Über die **Bedeutung** dieser suprema lex nur wenige Andeutungen. Sie besitzt selbstverständlich den *Primat*, weil sie an sich mit Gott identisch und folgerichtig nur, wie er selbst, *aktiv* ist, nicht passiv (empfangend) [3]. Wie Gott, ist sie daher auch absolut *unveränderlich* [4], ohne irgendwelche Dispens. Damit ist ihre absolute *Allgemeinheit* — Universalität — gegeben. Allgemein ist die lex aeterna in einem doppelten Sinne. Von ihr hangen alle anderen Gesetze ab : Gesetze im praktischen Sinne sind immer Normen des Handelns, des Geschehens, der Bewegung. Nun ist sie das Gesetz des Erstbewegers, von dem alle übrigen Beweger abhangen — also alle übrigen Gesetze. Folglich ist sie das Gesetz aller Gesetze, die Norm, von der alle übrigen Gesetze abgeleitet werden müssen und ihre Rechtsgültigkeit besitzen [5]. « Allgemein » ist sie daher noch in einem zweiten Sinne. Ihr sind, verschiedentlich, alle kreatürlichen Dinge unterworfen inbezug auf das, was in ihnen notwendig oder kontingent ist, denn auch was in den kreatürlichen Dingen Notwendigkeit aufweist, wie die Dingwesenheiten, hat in der lex aeterna den letzten Grund [6]. In *verschiedenem* Sinne, so deuteten wir an, sind die kreatürlichen Dinge und Geschehnisse der lex aeterna unterworfen : die Abirrungen und Sünden — lex fomitis — unterliegen Gottes Gerechtigkeit [7]. Die *unvernünftigen* Wesen unterliegen ihr ohne Kenntnis und Freiheit, indem sie nur bewegt werden, während die *Vernunftwesen*, sich selbst zum Ziele bewegend, unter Gottes Bewegung zum Ziele geleitet werden [8]. Von den Vernunftwesen sind die Guten und Bösen wieder verschiedentlich dem Gottesgesetz unterworfen. Die *Bösen* durch unvollkommene Erkenntnis und fehlerhaftes Streben, und infolgedessen unterliegen sie Gottes

[1] « Forma per intellectum considerata non movet nec aliquid causat, nisi mediante *voluntate*, cuius obiectum est finis et bonum ... Sed forma intellectus divini est causa motus ... Oportet igitur quod ipse sit *volens* ». I. C. G. 72.

[2] « Dicendum, quod omnis lex proficiscitur a *ratione* et *voluntate* legislatoris : lex quidem divina et naturalis a rationabili Dei voluntate ». I-II 97, 3.

[3] I-II 91, 1 ad 3 ; *Soto*, De iustitia et iure l. 1 q. 3 a. 1.

[4] I-II 97, 3 ad 1.

[5] I-II 93, 3 ; *Soto*, De iustitia et iure l. 1 q. 3 a. 3.

[6] I-II 93, 4 ; *Soto*, ib. a. 4 ; *Suarez*, De legibus l. 2 c. 4.

[7] I-II 91, 6.

[8] I-II 93, 5, 6 ; *Soto*, ib. a. 4 ; *Suarez*, De legibus l. 2 c. 2 n. 10-13.

Strafe. Die *Guten* dagegen sind Gott vollkommener, durch richtige Erkenntnis und tugendhaftes Streben mittelst des Glaubens und mit Hilfe der Gnade, unterworfen [1].

2. Die Unterordnung der verschiedenen Rechtssphären.

Die Unterscheidung der verschiedenen Gesetze wird lichtvoll durch die Unterordnung aller unter die lex aeterna, von der wir soeben eingehender gehandelt.

Betonen wir aber der Klarheit halber zuerst, daß wir es hier nur mit der menschlichen *Tätigkeitsordnung*, dem ordo practicus zu tun haben, nicht mit dem ordo speculativus. Die lex aeterna ist zwar ein dictamen der göttlichen Weisheit. Aber der Begriff der göttlichen Weisheit ist viel weiter. Er umfaßt nicht bloß das ganze göttliche Innenleben, also auch die heiligste Dreifaltigkeit, sondern auch das übrige spekulative Gebiet [2]. Das ist die erste Abgrenzung, die wir hier machen wollten.

Eine weitere Abgrenzung sei noch beigefügt. Die *Vorsehung* geht offenbar das praktische Gebiet an. Dennoch ist sie von der lex aeterna verschieden, denn sie folgt erst der lex aeterna, welche für die Vorsehung als Grundgesetz schon vorausgesetzt wird. Die Vorsehung ist daher gleichsam die Anwendung der lex aeterna auf die kreatürlichen Dinge [3].

So nun, nach diesen Abgrenzungen, können wir mit der Unterordnung aller Rechtsgesetze unter die lex aeterna beginnen.

Zwei Hauptsphären gehen von der lex aeterna absteigend aus: an die Spitze der einen setzen wir die *lex naturalis*, an die Spitze der andern die *lex divina*. Der Grund der Unterscheidung der beiden Sphären liegt in der verschiedenen Erkenntnisquelle: Quelle der einen ist die bloße Vernunft, der anderen die Offenbarung. Daß es Gesetze gibt, wie z. B. solche des Dekalogs, die aus beiden Quellen erkennbar

[1] I-II 93, 6; *Soto*, ib. a. 4; *Suarez*, ib. c. 2 n. 14 ss.

[2] De Verit. q. 2 a. 8; q. 3 a. 3.

[3] « Dicendum, quod providentia in Deo proprie non nominat legem aeternam, sed aliquid ad legem aeternam consequens ... Et similiter etiam in Deo lex aeterna non est providentia, sed providentiae quasi principium; unde et convenienter legi aeternae attribuitur actus providentiae, sicut et omnis effectus demonstrationis principiis indemonstrabilibus attribuitur ». De Verit. q. 5 a. 1 ad 6; *Suarez*, De legibus l. 2 c. 3 n. 12.

sind [1], stört die Unterscheidung nicht und ist sogar sehr providentiell. Die Versuchung liegt nahe, die beiden sachlichen Parallelen auch parallel darzustellen.

Lex aeterna

A.
Natürliche Sphäre.

1. **Lex naturalis.** Schon die lex naturalis ist, wie wir oben eingehender dargetan, nicht mehr rein aktiv wie die lex aeterna. Und das ist sie gerade deshalb nicht mehr, weil sie eine *Teilnahme an der lex aeterna ist* und folglich von ihr abhängt, d. h. determiniert wird. Sie unterscheidet sich von der *lex divina,* weil sie als Richtschnur des zielmäßigen Handelns in der rationalen Natur des Menschen *selbst* niedergelegt ist : « participatio legis aeternae in rationali creatura » (I-II 91, 2). So wird sie durch die bloße Vernunft als Künderin zur höchsten Norm alles bloß natürlichen Handelns.

2. Die **Lex civilis.** Das bürgerliche Gesetz umfaßt die ganze gesetzliche Ordnung von *Bürger zu Bürger* ein und desselben Staates. Es regelt somit ein gewaltiges Gebiet, die ganze « Verfassung » eines Staates nach Form und Inhalt. So ist der Name « civilis » vollberech-

B.
Übernatürliche Sphäre.

1. **Lex divina.** Göttlich ist ursprünglich jedes Gesetz. Die lex divina ist es im höheren Sinne, weil sie von Gott positiv geoffenbart ist. Auch sie ist eine *Teilnahme* an der lex aeterna, aber als Norm für das übernatürliche Leben des heiligen Glaubens und der Gnade [2], das den *irrationalen* Wesen abgeht [3]. Daraus erhellt ihre *Notwendigkeit,* die eine doppelte ist. Eine absolute : für das übernatürliche Gnadenleben, denn für dieses ist der bloß natürliche Mensch absolut ohnmächtig [4]. Alle Gesetze, die sich auf unser übernatürliches Heil beziehen, fallen also unter die lex divina [5]. Eine moralische Notwendigkeit der lex divina liegt auch vor für das natürliche Leben : erstens, weil bloß menschliche Gesetze oft unsicher, zweitens, das innere Leben und Tätigsein an sich wenig berühren und drittens viele Übeltaten gar nicht berühren und noch weniger bestrafen kön-

[1] I-II 99, 2 ; 100, 1.
[2] I-II 91, 4. [3] Ib. ad 3. [4] I-II 91, 4.
[5] « Dicendum, quod ea, quae sunt necessaria ad salutem, cadunt sub praeceptis divinae legis ». II-II 3, 2.

tigt. Es wird auch lex « humana » und « positiva » genannt [1]. In gewissem Sinne ist der Begriff « positives » Gesetz weiter als der des « ius civile », indem er als vom Menschen « gesetzte » Norm — positiva — auch das ius gentium umfaßt, weshalb Thomas das positive Recht einteilt in lex civilis und gentium [2]. Doch bemerkt gerade der Aquinate, daß das Völkerrecht einen starken Einschlag vom Naturrecht habe [3]. Im strengsten Sinne ist also nur die lex « civilis » eine lex humana oder positiva [4]. Das ergibt sich daraus : beide, lex civilis und gentium hangen vom Naturrecht ab. Das Völkerrecht ist eine Konklusion aus dem Naturrecht ; die lex civilis *determiniert* und appliziert nur das Naturrecht : nach Sache, Zeit, Ort und Umständen ganz verschiedene Fragen [5]. Es setzt also durch die recta ratio humana, in Abhängigkeit vom Naturrecht, tatsächlich *neues Recht*, das im Naturrecht zwar enthalten, aber nicht ausgedrückt ist.

nen [6]. Dem Umfange nach umfaßt die lex divina folgerichtig die ganze Offenbarung des alten und neuen Testaments (I-II 91, 5). Sie enthält vor allem die Vorschriften über Gott als höchstes übernatürliches Ziel, über die Liebe Gottes und des Nächsten, die Pflichten des Glaubens und der Anbetung — cultus latriae —, überhaupt den ganzen Weg des Gnadenlebens (III. C. G. c. 115, 116, 117, 118, 119 und 148).

2. Die **lex ecclesiastica.** Die Kirche hat kraft ihrer göttlichen Einsetzung das Recht, Gesetze zu erlassen auf ihrem Gebiet, wie die Regenten auf ihrem Gebiete (I-II 10, 10). Sie interpretiert und wendet das göttliche Recht durch ihre Gesetze und Vorschriften auf dogmatischem, moralischem und kirchenrechtlich-pastorellem Gebiete an (II-II 10, 12 ; 11, 3 u. 4).

So steht übernatürlich alles Kirchliche unter der lex divina und letztere unter der lex aeterna !

3. Das **ius gentium** regelt und ordnet die Rechtssphäre unter den Bürgern verschiedener Staaten und unter verschiedenen Staaten selbst.

[1] Vgl. I-II q. 95 u. ff.

[2] I-II 95, 4.

[3] Ib. a. 2 ; a. 4 ad 1.

[4] Daher sagt Thomas selbst II-II 75, 3 : « quod ius aut *naturale* est, aut *civile*, aut *gentium* ».

[5] I-II 95, 2 u. 4.

[6] I-II 91, 4.

Wir übergehen hier der Hauptsache nach die geschichtlich sehr komplizierte Entwicklung des Völkerrechts. Darüber vielleicht später Genaueres. Schon bei den Alten gingen, wie Suarez betonte, die Auffassungen der Juristen und Philosophen nicht in allem einig [1].

Scharf betonen wir hier vor allem, daß auch das Völkerrecht, wenn es Recht sein soll, auf *dem Naturrecht ruhen muß*. Das folgt schon aus früher Gesagtem. Ist das Naturrecht Grundlage der ganzen natürlich-sittlichen Ordnung, so muß es offenbar auch Grundlage des Völkerrechts sein. Das ergibt sich auch daraus: in der rationalen Menschennatur liegt die nächste tiefere Grundlage des Naturrechts; nun muß das Völkerleben offenbar ein *menschliches* sein; also muß es in dem Naturrecht seine Grundfeste haben. Die historische Tatsache, daß die Leugner des Naturrechts zumeist auch Leugner des Völkerrechts gewesen, ist vielsagend!

Grundlage des Völkerrechts ist das Naturrecht insofern und deshalb, weil die rationale Menschennatur *sozial* ist. Insofern ist sie auch wirklich *international* und folglich die gegebene Anlage, auf der jedes Völkerrecht aufgebaut werden muß. So dürfen wir weiter sagen: *Das Völkerrecht gründet in allen Rechten und Pflichten, welche die Menschen kraft ihrer Natur miteinander verbinden.* Darnach suchen wir das Völkerrecht mit seinen Hauptarten sowohl vom Naturrechte als vom Zivilrecht zu unterscheiden.

Grundlegend ist das Naturrecht, von dem alles Recht abhängt. Positiv schreibt es vor, was an sich, « ex natura rei » recht, also gut ist und negativ verbietet es, was an sich schlecht ist [2]. Urheber des Naturrechts ist Gott, der Urheber der Natur. *Gegenstand*, wie gesagt, das an sich Gute und an sich Böse. *Subjekt*, jeder Mensch, als Mensch, weshalb es ut sic *absolut allgemein* ist [3]. *Methodisch* ist es in seinen ersten Prinzipien, aus denen notwendige Schlüsse gezogen werden, unmittelbar evident. Daher seine Unveränderlichkeit [4]. Dagegen ist das ius civile, nennen wir es Staatsgesetz, nur eine nähere Bestimmung des Naturrechts für den Bürger ein und desselben Staates, gegeben von der legislativen Autorität ein und desselben Staates [5]. So wurde es vor Thomas schon von dem Römer Cajus bestimmt: « quod quisque

[1] De legibus l. 2 c. 17 n. 3 ss.
[2] II-II 57, 2 u. 3.
[3] I-II 94, 5.
[4] Ib. 4; 95, 4; *Sylvius* Comm. in II-II 57 a. 3; *Soto*, De iure et iustitia l. 3 a. 3.
[5] I-II 95, 2 und folgende.

populus ipse sibi ius constituit, id ipsius proprium est et vocatur ius civile, quasi proprium civitatis »[1].

Beiden stellen wir nun sowohl das alte ius gentium als auch das moderne Völkerrecht gegenüber. Es ist eminent *zwischenstaatlich*, fast hätten wir gesagt, überstaatlich. Es setzt das Naturrecht — was an sich Gut und Böse ist — voraus und regelt die Rechtssphäre entweder zwischen Bürger und Bürger verschiedener Staaten oder zwischen Staat und Staat selbst. *Urheber* dieses Rechts ist offenbar der Menschengeist selber, insofern er auf einer gewissen Kulturstufe die rechtlichen zwischenstaatlichen Beziehungen festzulegen suchte. Schon Cajus sagt : « Quod vero naturalis ratio inter omnes homines constituit, id apud omnes populos peraeque custoditur, vocatur ius gentium, quasi quo iure omnes gentes utuntur »[2]. Dem *Gegenstande* nach bestimmt es, mit Voraussetzung dessen, was an sich gut und bös ist, näher, auf Grund des Naturgesetzes, was interstaatlich der Gesellschaft *nützlich* und *schädlich* ist[3]. Alles das setzt offenbar, sowohl im ius gentium als im modernen Völkerrecht eine gewisse zwischenstaatliche *Übereinkunft* — condictum nennt es Thomas —[4] voraus, die aber nicht notwendig eine formelle sein muß ; es genügt auch eine spontan-natürliche, die etwa auf Gewohnheit und Sitte beruht. Spricht man von einem Rechte, das bei *allen Völkern* gilt, so ist auch das moralisch zu nehmen : « fast bei allen Völkern ». Es verpflichtete fast alle Völker, « fere omnes gentes », oder « quasi omnes gentes », denn es setzt doch schon eine gewisse Kulturstufe voraus. So betonten schon Cajus im römischen Recht[5] und nachher mit Gratian[6] fast alle Rechtslehrer.

Wie oben angedeutet, spricht man gewöhnlich von einem doppelten Völkerrecht :

a) Das alte « ius gentium ». Es sollte die Rechtsverhältnisse zwischen Bürger und Bürger verschiedener Staaten ordnen. Von ihm spricht Thomas von Aquin[7]. Es war schon den Römern bekannt, wie Cajus hervorhebt : « Quod vero naturalis ratio inter omnes homines

[1] Dig. I 1, 9. Das. Decretum Gratiani c. 8 D. 1.
[2] Dig. I 1, 9. II-II 57, 3.
[3] II-II 57, 3 ad 2 ; I-II 94, 5 ad 3.
[4] I-II 57, 2.
[5] Dig. I 1, 9.
[6] Decretum Gratiani, c. 9 D. 1.
[7] II-II 57, 2 u. 3.

constituit, id apud omnes populos peraeque custoditur, vocaturque ius gentium, quasi quo iure omnes gentes utuntur »[1]. Es umfaßte, wie Sohm sagt, « jenen Teil des Römischen Privatrechts, welcher mit dem Privatrecht anderer Völker, insbesondere dem griechischen Recht, das an den Gestaden des Mittelmeeres eine natürliche Vorherrschaft ausübte, in seinen Grundzügen übereinstimmte »[2]. Träger oder Subjekt dieses Rechts war also der Einzelbürger verschiedener Staaten, von dem es, wie Gratian berichtet, bestimmte, wer Knecht oder Herr sei, mit wem er heiraten könnte, wie es mit den Gefangenen stehe, wie es mit seinem Religionsschutze stehe und der Sicherheit der Gesandten[3].

War dieses « ius gentium » ein wirkliches Völkerrecht ? Wohl kaum ! Wenigstens mit dem eigentlichen Völkerrecht hat es nichts zu tun. Schon bei den Römern bildete es nur einen Gegensatz zum ius civile, einen Gegensatz des Anwendungsbereiches innerhalb der privatrechtlichen Normen. In Tat und Wahrheit ist es nichts anderes als *Naturrecht*, oder besser ein Teil desselben, weshalb es den sonderbaren Titel : ius gentium *naturale* erhielt. Nach Thomas von Aquin ist es inhaltlich die Summe *jener Rechtssätze, welche die Vernunft leicht aus den höheren Prinzipien zieht und die daher allgemeinere Annahme*, also bei den Bürgern verschiedener Staaten findet[4]. Sehr richtig sagt Cathrein : bis in das 16. Jahrhundert war es ein Teil des ius naturale[5].

Somit bestand das einzige « völkische » Moment des alten ius gentium darin, daß es eine Annahme des Naturrechts bei Bürgern *verschiedener* Staaten bedeutete. Erst später suchte man mit einer tieferen Charakteristik Naturrecht und ius gentium zu unterscheiden, indem man dem ersteren innerlich notwendige, dem letzteren nur wahrscheinliche Konklusionen zuschrieb[6].

b) Das eigentliche internationale Völkerrecht. Das war den Alten unbekannt. Es beruht auf Abmachungen zwischen Staat und

[1] Ib.

[2] *Sohm*, Institutionen, Geschichte und System des römischen Privatrechts. München 1920, 84.

[3] Decretum c. 9 D. 1.

[4] « Dicendum quod ius gentium est quidem aliquo modo naturale homini, sec. quod est rationalis, inquantum derivatur a lege naturali per modum *conclusionis*, quae non est multum remota a principiis ; unde de facili in huiusmodi homines consenserunt ». I-II 95, 4 ad 1 ; II-II 57, 3.

[5] A. a. O. I 487.

[6] Vgl. *Cathrein*, a. a. O. I 488.

Staat. Es ist der Inbegriff der Rechtsregeln, durch welche Rechte und Pflichten der zur internationalen Staatsgemeinschaft gehörenden Staaten untereinander, und zwar in bezug auf die Ausübung der staatlichen Hoheitsrechte bestimmt werden [1]. Hier sind also die Staaten als *solche* Rechtssubjekte [2]. Es geschieht das bekanntlich durch Verträge, wie z. B. die beiden Genfer Konventionen von 1864 und 1906 solche sind [3].

Mein Satz : « *Die Tatsache, daß erst das Christentum eine eigentliche Theorie des Völkerrechts schuf, ist bekannt und zugegeben* » [4], hat bei jüngeren Juristen zu Diskussionen geführt. Gott sei Dank, daß unsere akademische Jugend sich so intensiv mit solchen Fragen beschäftigt ! Ich habe unterdessen den Satz einem eminenten Juristen unterbreitet. Er meinte, ich hätte damit keine « Ketzerei » begangen — versteht sich, keine juristische ! Dennoch wollte ich hier eingehendere Abklärungen geben. Und nachdem ich dargetan, daß das ius gentium der Römer überhaupt kein eigentliches Völkerrecht war, wird man mich leichter verstehen. Nimmt man hiezu, daß das Völkerrecht überhaupt erst nach dem 12. Jahrhundert entstand, also eine Frucht der christlichen Kultur war, dann wird meine These noch verständlicher. Den Einfluß der christlichen Religion auf die Entstehung des Völkerrechts, das er scharf vom ius gentium der Römer, das mit Recht bloß ein ius peregrinorum genannt wurde, abgrenzt, gibt auch Franz von Liszt zu. Er hebt auch hervor, daß die Entstehung des eigentlichen Völkerrechts die Vielheit von souveränen Staaten, wie sie erst am Ausgange des Mittelalters, also etwa im 16. Jahrhundert vorhanden war, voraussetzte [5]. Auch ihm ist also das wahre Völkerrecht ein christliches Kulturgut. Zu den eigentlichen geistigen Begründern des echten wirklichen Völkerrechts rechnet man heutzutage zumeist Franz de Vitoria, Dominicus Soto, den Juristen B. Ayala, Molina, Fr. Suarez und die Protestanten Albert Gentilis und Hugo Grotius, dessen Verdienste man vielleicht noch übertrieben hat [6]. Zu den Pionieren des Völkerrechts rechnet auch Franz von Liszt den Dominikaner Fr. Vitoria und den Jesuiten Suarez [7]. Da wehte offenbar christlicher Geist. P. Tischleder weist darauf hin, daß es Vitoria war, der die Definition

[1] *F. v. Liszt,* Das Völkerrecht. Berlin 1920, 1.

[2] Das.

[3] Das. 380-381.

[4] Divus Thomas 21 (1943) 383.

[5] *F. v. Liszt,* a. a. O. 12.

[6] Vgl. *Cathrein,* a. a. O. II 683.

[7] Das. 13.

des Römischen Rechts vom ius gentium « in der Weise umbiegt, daß es nun mehr ganz klar das *wirkliche öffentliche Völkerrecht ausdrückt* »[1]. Andere Zeugnisse, wie das von Schwer, könnten noch hinzugefügt werden[2]. Das sind die Gründe, warum ich das Völkerrecht ein christliches Kulturgut nenne!

Gerade auf dem Boden des internationalen Rechts ist der naturrechtliche Satz: was die recta ratio als Recht befiehlt, bitter notwendig. Ohne das ist das Verhältnis zwischen den Staaten geradezu *unvernünftig*, weil nicht secundum rationem. Der Satz: über den Staaten gibt es keine Autorität, ist der denkbar verhängnisvollste für die Staaten selbst. Dann gelten die grundlegendsten Prinzipien der Staatslehre: « cuique suum », « was du nicht willst, das man dir tue, füge dem anderen nicht zu », iustitia est fundamentum regnorum, nichts. Dann sind alle gegenseitigen Staatsverträge Papierfetzen; dann gibt es keine Sicherheit der Gesandtschaften. Somit ist jedes verträgliche, friedliche Verhältnis, da jede *Menschenliebe* fehlt, unmöglich. Auch bewegt sich der Staatslehrer, der jedes Naturrecht leugnet, in einem fortlaufenden Selbtswiderspruch, da er das oberste, naturrechtliche Prinzip: liebe das Glück, das bonum commune leugnend, doch wieder leugnend annehmen muß. Daher ist die These eines E. v. Hartmann, Ad. Lasson und Burckhardt: Es gibt kein verpflichtendes Natur- und Völkerrecht, keine Rechtsordnung; « Der Staat ist nach außen ein ungebändigter, ungezügelter Wille der Selbstsucht », nach den Voraussetzungen zwar furchtbar logisch, aber auch die Quelle des heutigen Völkerelendes![3] Dann bricht Gewalt Recht!

So steht in der natürlichen Ordnung das *bürgerliche Recht* und *Völkerrecht* unter dem *Naturrecht* und dieses unter dem *ewigen Rechte!* Damit haben wir Einheit bei Unterscheidung in der natürlichen Rechtssphäre!

[1] Ethik und Leben, Festschrift Jos. Mausbach. Münster 1931, 93.

[2] Kathol. Gesellschaftslehre (1928), 229.

[3] Vgl. *Cathrein*, a. a. O. II 688[1]. A. Lasson gibt alle von uns gezogenen Folgerungen selber zu.

Art. 10.

Recht und Zwang.

Wer « gegen » seinen Willen handeln « muß », steht unter **Zwang.** Damit sind, richtig verstanden, die zwei Wesensmomente des Zwangs angedeutet. Das « Muß » enthält das eine Moment: *notwendig* (necessarium). Richtig verstanden, wiederholen wir; denn es gibt ein doppeltes « Muß »: ein « moralisches »; so ist jede Pflichterfüllung ein « Muß », weil etwas « Pflichtiges » erfüllt werden soll und muß. Davon reden wir hier nicht. Wir reden von einem « Muß » im « *physischen* » Sinne, d. h. etwas, was ein « violentum » ist, etwas, das nur durch äußere Gewalt erreicht wird [1]. Damit ist das zweite Wesensmoment schon angedeutet: *gegen den Willen.* Der Zwang ist immer ein « involuntarium », etwas « willenswidriges », weil der Gezwungene etwas machen muß, was ein anderer ihm aufoktroiert [2]. Daß von einem Zwange des *inneren* Willens nicht die Rede sein kann, weiß schon das Kind. Der Wille selbst wird auch mit tausend Ketten nicht gefesselt. Kein Tyrann, kein Teufel, kein Engel zwingt den freien Menschenwillen selbst [3]. Wie oft haben die Dichter das besungen! Nicht einmal Gott zwingt den inneren Willen, weil er, wegen sich selbst, eine Wesenheit nicht zerstören kann [4]. Der Zwang bezieht sich somit nie auf die innere Eigentätigkeit des Willens, das « velle » selbst, nie auf den actus elicitus des Willens, sondern nur auf die *äußeren* Tätigkeiten, die actus imperati [5].

Damit sind wir auch dem Begriffe des **Rechtszwangs** näher gerückt. Kann jemand zur Erfüllung dessen, was Recht ist, nur mit

[1] « Quod enim est coactum et violentum, est contra voluntatem ». I-II 96, 5.

[2] « Coactio per quam omnis absolute necesse habet facere hoc, ad quod determinatur ex actione agentis ». De Verit. 17 a. 3.

[3] I 106, 2; 111, 2; I-II 10, 4; De Verit. 22, 9; III. S. c. G. 88 u. 89.

[4] I 83, 1; I 25, 3; I-II 10, 4.

[5] I-II 6, 4.

Gewalt, also gegen seinen Willen, gebracht werden, dann haben wir den Rechtszwang.

Unsere Frage ist augenscheinlich eine wichtige *juristische* Frage. Doch ist es offenbar nicht unbescheiden, zu sagen, daß die Lösung derselben noch fundamentaler der *Philosophie* angehört, letztinstanzlich sogar der Metaphysik. Wir sind also berechtigt, darüber unsere schlichten Reflexionen niederzuschreiben. Und das umsomehr, da der Vorwurf : das Naturrecht ist deshalb kein wahres Recht, weil es nicht Zwangsrecht ist, weiteste Kreise verblüfft und verblendet hat.

Wie stehen Recht und Zwang zueinander ? Sind sie *wesenhaft miteinander verkettet*, und wenn nicht, welches ist ihr gegenseitiges Verhältnis ? Damit haben wir den springenden Punkt einer geradezu riesigen Streitfrage der Gegeewart berührt, deren irrige Lösung katastrophale Folgen haben kann und vielleicht bereits solche nach sich gezogen hat !

Die These : *Der Zwang ist wesenhaft mit dem Rechtsbegriffe verbunden*, wurde bekanntlich von eminenten Rechtslehrern verteidigt. Schon *F. v. Holtzendorff* schrieb 1869: «Die Rechtsgesetze enthalten das zwangsweise garantierte Sollen des Menschen innerhalb der staatlich organisierten Gesellschaft » [1]. *Rud. v. Ihering* schrieb 1884 : « Die gangbare Definition des Rechts lautet : Recht ist der Inbegriff der in einem Staate geltenden Zwangsnormen ; und sie hat in meinen Augen das Richtige vollkommen getroffen » [2]. Noch schärfer schrieb 1882 *A. Lasson :* « Erst das mit dem Zwange bewehrte Gesetz ergibt den Begriff des Rechts. Was die im Zwange liegende Garantie nicht für sich hat, darf nicht Recht heißen » [3]. *R. Stammler* äußerte sich 1896 also : « Recht ist die ihrem Sinne nach unverletzbare Zwangsregelung menschlichen Zusammenlebens » [4].

Unter den neueren Juristen äußerte sich 1921 *Eug. Huber* eher vorsichtig über das Problem. Gewiß konstatiert auch er einen Zusammenhang zwischen Recht und Zwang. Aber er protestiert gegen

[1] Prinzipien der Politik, 85.

[2] Der Zweck im Recht I 320.

[3] System der Rechtsphilosophie, 207. Auch *R. Sohm* verbricht den Satz : « Das Rechtsgesetz ist Machtgesetz ». Zeitschrift für Kirchenrecht, Bd. XI, 158. Vgl. Archiv für kathol. Kirchenrecht, *A. Pflimlin*, « Die Erzwingbarkeit des Rechts », Bd. 84, 5.

[4] Wirtschaft und Recht, 498. Vgl. *Cathrein*, a. a. O. 427 ; *Eisler*, « Rechtsphilosophie ».

den berühmten Satz : « La force prime le droit » [1]. Die Rechtsordnung « kann auch von dem Gedanken an jeden Zwang absehen und ausschließlich auf die freiwillige Erfüllung von Pflichten abstellen » [2]. Es gibt in der Ehe, in der Familie, in der Gemeinde und im Staate sicher Rechte und Pflichten, die nicht erzwungen werden können, sondern deren Erfüllung auf der stillen Betätigung des vernünftigen Gemeinschaftsbewußtseins beruhen [3]. Das Ideal ist auch für Huber die *freiwillige Erfüllung* der Pflichten, der die Mehrheit der Bürger sich befleißt [4]. « Wer frei ist, will das Recht, und wer nur das Recht begehrt, ist frei » [5]. — Ein herrlicher Satz ! — Viel schärfer und pointierter ist der Standpunkt von *Walter Burckhardt* 1927. Doch gibt auch er zu, daß die Rechtsordnung gelegentlich und zufällig des Zwangs entbehren kann [6]. Auch daran stößt man sich nicht, wenn er sagt, daß die Rechtsordnung nicht grundsätzlich des Zwangs entbehren könne [7], oder auf denselben verzichten könnte [8], obgleich Macht nicht Recht ist [9]. Schärfer aber zeichnet er seine Stellung, wenn er *v. Stintzig* zustimmt : Der Zwang gehört notwendig zum *Begriff des Rechts* [10]; oder wenn er behauptet : « Der *Codex iuris Canonici* als solcher ist nicht geltendes Recht, weil ihm diese Operationsbasis der Zwangsgewalt fehlt » [11]. Im gleichen Sinne sind die Behauptungen geschrieben : daß « die Erzwingbarkeit das *wesentliche Merkmal* des Rechts selbst ist » [12]. Oder : « Soll aber ein Rechtssatz überhaupt nicht zwangsweise vollzogen werden, so ist er entweder nur die Voraussetzung eines anderen erzwingbaren Rechtssatzes ; oder er ist, wenn er auch nicht mittelbar rechtserheblich ist, kein Rechtssatz » [13]. Bei dieser Auffassung unserer Frage ist es logisch, wenn Burckhardt das *Völkerrecht*, dem das Zwangsrecht abgeht, nicht zum eigentlichen Rechte rechnet [14], und wenn er auch, da der *Gesetzgeber* selbst nicht unter Zwang steht, seine Stellung als eine notwendige Unvollkommenheit jeder positiven Rechtsordnung bezeichnet [15]. Der Ansicht Burckhardts huldigt, mit Berufung auf ihn, auch Hans Nawiasky. Doch will er nur den « *äußerlich organisierten Zwang* » mit dem Rechte identifiziert wissen : « Zum Wesen des Rechts

[1] Recht und Rechtsverwirklichung. Basel 1921, 188.
[2] Das. 201.
[3] Das. 150. [4] Das. 152 ff. [5] Das. 187.
[6] Die Organisation der Rechtsgemeinschaft. Basel 1927, 124.
[7] Das. [8] Das. 172. [9] Das.
[10] Das. 174 [1]. [11] Das. 176. [12] Das. 236.
[13] Das. 236. [14] Das. 376 ff. ; 388 ff. [15] Das. 178.

gehört die Erzwingbarkeit der Rechtsnorm »[1]. Er redet damit dem absoluten Staatszwang kräftig das Wort : « Wenn alles Recht durch das Moment des äußeren Zwangs charakterisiert ist und der äußere Zwang mit dem Staat im engsten Zusammenhang steht, so muß *alles Recht vom staatlichen Zwange abhangen* »[2]. Wie Burckhardt[3], so trennt auch er Moral und Recht voneinander[4].

Die aufgezeigte These von einer *begrifflichen Identität* von Recht und Zwang ist, wie Otto von Gierke berichtet[5], nur der Niederschlag eines säkularen Kampfes seit dem 16. Jahrhundert. Von diesem *Kampfe* wollen wir hier an erster Stelle berichten ; denn dieser düstere Hintergrund ist für das ganze Problem außerordentlich illustrierend. Nachher versuchen wir es, das Verhältnis von Recht und Zwang *thomistisch* zu beleuchten.

1. Der Kampf.

Zwang auf dem Rechtsgebiete gab es selbstverständlich zu allen Zeiten und bei allen Völkern. Das ist auch gar nicht die Frage, von der wir hier sprechen. Hier handelt es sich um das *Verhältnis* von Recht und Zwang. Schon der größte Staatslehrer des Altertums, *Aristoteles*, kannte die Notwendigkeit des Zwangs. Er, der den *gesetzlichen* Menschen das beste unter dem Sinneswesen und den Tugendlosen den Verruchtesten genannt hat — das sagt er im Anfange seiner Staatslehre[6] — kannte die Notwendigkeit des Zwangs für Übelwollende und sprach ausdrücklich vom Zwange[7]. Doch war ihm der Zwang nur etwas « Eventuelles », d. h. für Übelwollende, und das galt ihm als etwas Selbstverständliches. Fast ebenso selten und im gleichen Sinne faßte *Thomas von Aquin* die Frage. Scheinbar gefährlich ist bei ihm der Satz, den er in I-II 96, 5 ausspricht : Zum Gesetze gehören zwei Dinge : erstens, daß es *Maßstab des Handelns sei*, zweitens, daß es *Zwangscharakter* besitze : « Lex de sui ratione duo habet : primo quidem, quod est regula humanorum actuum ; secundo quod vim habet coactivam ». Die erstere Aufgabe des Gesetzes, der Leser merke sich

[1] Allgemeine Rechtslehre, 219. Das. 10 ; 219 u. 228 ; 90.
[2] Das. 235-236.
[3] Die Organisation der Rechtsgemeinschaft, 236-237.
[4] Allgemeine Rechtslehre, 8-9.
[5] Johannes Althusius, 279 ff.
[6] I. Pol. c. 1 (I 484, 18).
[7] X. Eth. c. 9 (II 128, 28).

die Erklärung, nennt er eine « vis directiva »[1], eine *leitende* Kraft oder Macht. Nach ihm liegt offenbar die verpflichtende Rechtskraft — das Wort « vis » zeigt es offenkundig an — schon in der gegebenen « Leitung ». Das entspricht auch der thomistischen Definition des Gesetzes ganz im allgemeinen : « eine Hinordnung der Vernunft, erlassen zum Gemeinwohle von dem, dem die Obsorge für die Gemeinschaft obliegt »[2], Aber das zweite Moment : « quod vim habet coactivam », wie meinte er das ? Etwa in dem Sinne, daß der Zwang dem Rechte *wesentlich* und daher jedem Gesetze zukommen würde ? Weit entfernt ! Gegen das hat er selbst eine authentische Interpretation gegeben in seinem Kommentar zum Römerbrief, wo er, denselben Gegenstand behandelnd, die These verteidigt : den Tugendhaften ist das Gesetz nicht gegeben, sondern den Bösen, den Übelwollenden. Die Erfüllung des Gesetzes macht den Tugendhaften, den wahren Menschen aus, so lehrt er. Nun gibt es in der Gesetzeserfüllung vier verschiedene Grade : erstens wer das Gesetz rein aus innerem Selbstantrieb, ohne fremden Einfluß erfüllt, der steht auf höchster Stufe menschlicher Würde [3] ; auf zweiter Stufe steht, wer das Gesetz, zwar unter fremdem Einfluß, aber ohne Zwang, erfüllt [4] ; auf dritter Stufe steht, wer zwar unter Zwang, aber doch willig das Gesetz erfüllt [5] ; endlich auf vierter Stufe steht, wer das Gesetz, trotz Zwang, innerlich unwillig erfüllt [6]. Offenbar ist für Thomas die zwangslose Erfüllung des Gesetzes das *Ideal* und daher der Zwang nur etwas « Eventuelles » für den Übelwollenden. Daraus ergibt sich für Thomas der oft wiederholte Satz : « Für den Guten ist das Gesetz nicht da : « iustis non est lex posita ». Es gilt nur für die Schlechten : « soli mali » [7]. Diese Auffassung : der Zwang ist nur ein eventuelles Mittel der Gesetzeserfüllung, *gehört nicht zum Wesen des Rechts*, blieb im 16. Jahrhundert und zum Teil im 17. Jahrhundert. Gierke betont, daß nicht der Wille, sondern die vernünftige Einsicht

[1] I-II 96, 5 u. ad 3.

[2] I-II 90, 4.

[3] « Et ideo dicitur Timoth. I, quod iusto lex non est posita i. e. exteriori lege non cogitur, sed posita est iniustis, qui indigent exterius cogi. Et iste est *supremus* gradus dignitatis in hominibus, ut sc. *non ab aliis*, sed a seipsis inducantur ad bonum ». In ep. ad Rom. c. III lect. 3.

[4] « Secundus vero gradus est eorum, qui inducuntur *ab alio*, sed *sine coactione* ». Ib.

[5] « Tertius autem eorum, qui *coactione indigent* ad hoc quod fiant boni ». Ib.

[6] « Quartus est eorum qui nec coactione ad bona dirigi possunt ». Ib.

[7] « Alio modo dicitur aliquis subiectus legi sicut coactum cogenti et hoc modo homines *virtuosi* et *iusti* non subduntur legi, sed *soli mali* ». I-II 96, 5.

des Gesetzgebers die eigentlich rechtsschöpferische Kraft war; daß das, was das Gesetz zum Rechte mache, in der vom Souverän vollzogenen formellen Konstatierung der Übereinstimmung seines *Inhalts* mit der Idee der *Gerechtigkeit* liege; daß die eventuelle Anwendung von Zwang sich nur als *Konsequenz* hieraus ergebe und höchstens für den Begriff des vollendeten oder vollkommenen Rechts, nicht aber für den *Begriff des Rechts überhaupt essentiell* sei»[1].

Doch hatte der Kampf gegen diese eminent metaphysische Fassung des Rechts, mehr und weniger verborgen, schon längst begonnen. Hatte doch, wie Gierke betont, schon *Thomas Hobbes* die Identität des Rechts und Zwangs schroff betont[2]. Auch hier war der Voluntarismus, dem ja auch Hobbes huldigte, der große Sünder. Religiöse, philosophische, vor allem politische Ideen spielten im Kampfe eine Rolle. Alles trieb zur *Verpolitisierung* oder *Verstaatlichung* des Rechts; denn, ist der Wille Quelle des Rechts, so ist der stärkste Wille, den ja der Staat besitzt, überall maßgebend und die Staatsomnipotenz die notwendige Folge, obgleich gerade diese Allmacht des Staates auch wieder der Ruin desselben Staates ist[3].

Infolgedessen tobte in der Folgezeit der Kampf auf *objektivem* Rechtsgebiete stetig und mächtig um die Frage: Ist der Souverän, wenigstens in der positiven Ordnung, von jedem Gesetze frei, oder aber ist er nicht auch, wenigstens an die Fundamentalgesetze gebunden[4]? Alles drehte sich im Kampfe um die beiden Sätze: «Potestas legibus soluta» und «Princeps legibus tenetur»: d. h. ist der positive Gesetzgeber von der potestas directiva, dem inhaltlichen Rechte frei, oder auch an dasselbe gebunden? Den ersteren Satz hat, wenigstens anfänglich, bekanntlich schon *Pufendorf* mit seiner ganzen Schule und nach ihm *Thomasius* verteidigt[5]. *Bodinus* fand im ersten Satze sogar das schlechthin wesentliche Kriterium wirklicher Souveränität. Und ihm folgten alle streng absolutistischen Anhänger der Souveränitätslehre[6]. Für sie war also auch der *Inhalt* des Gesetzes, die «potestas directiva» nur vom Willen des Souveräns abhängig[7]. Das galt bei Bodinus sogar bezüglich der Fundamentalgesetze, wo sonst später

[1] Johannes Althusius, 280. Sperrdruck von mir.

[2] Das. 280[41].

[3] Trefflich sagt *H. Rommen*: «Die Staatsidee starb, als man den Staat zur puren Rechtsordnung machte», 219.

[4] Johannes Althusius, 286 ff.

[5] Das. 280[41]. [6] Das. 285. [7] Das.

andere dieser Richtung noch Zugeständnisse gemacht hatten [1]. Den zweiten Satz: «Princeps legibus tenetur» verfochten, außer *Ulrich Zasius, Cujacius, Donellus,* auch Friedrich Pruckmann und andere [2], während wieder andere, besonders deutsche Juristen, vermittelnd, vom Naturrecht inspiriert, den Souverän wenigstens zu den Fundamentalgesetzen des Staates verpflichteten [3]. So *Althusius* und *Ulrich Huber* [4]. — Daß bei der ersteren absolutistischen Auffassung des objektiven Rechts, wo der Souverän allmächtig war, für das *subjektive* Recht der Bürger gegenüber der Staatsgewalt wenig Platz mehr übrig blieb, ist einleuchtend [5].

Vielleicht verwundert sich der Leser, daß im ganzen Streit das **Naturrecht** nicht eine größere, *eindämmende* Rolle gespielt hat. Und in der Tat galt es anfänglich im 16. Jahrhundert als äußerlich absolut bindendes Recht auch für den Staat und auch gegenüber dem Satze: «Potestas legibus soluta» [6]. So wurde es aufgefaßt von *Oldendorp, Winkler* und vor allem von den katholischen Rechtslehrern, wie *Vásquez, Lessius, Commanus, Gregorius von Valencia, Molina* und *Suarez* [7]. Aber der angebliche Mangel der vis coactiva im Naturrecht schwächte baldigst auch seine vis directiva [8]. Man besaß bereits wenig Sinn mehr für ein Recht, das nicht Zwang bedeutete. Gierke hat auf den zerstörenden Einfluß, den *Machiavellis* (1469-1527) Staatsraison gegen das Naturrecht ausübte, hingewiesen [9]. Das Staatsinteresse absorbierte alles und zerstörte damit den ganzen selbständigen Inhalt des Naturrechts. Der Wille, das Interesse und damit die Zwangsmacht des Staates trat an Stelle des Naturrechts. Und zwei Thesen: jene des Hugo Grotius von der *Unabhängigkeit des Naturrechts von Gott,* und die andere des Samuel Pufendorf von der *Trennung von Moral und Recht,* waren noch fataler. Mit der ersteren fiel jede höchste Sanktion der göttlichen Gerechtigkeit. Mit der zweiten hatte das Recht mit Naturrecht, das Grundlage der Ethik ist, überhaupt nichts mehr zu tun. Und mit Kants (1724-1804) Idealismus wurde das Naturrecht in Wahrheit zu einem positiven Rechte [10]. Damit war die *Emanzipation* des Staates von allem *vor* und *über* ihm gegebenen Rechte als letztes Ziel des Staatsabsolutismus und der Sieg des Zwangsrechts über jedes *objektive* und *subjektive* Recht gegeben. Der Satz: «Salus publica

[1] Das. 285-286.
[2] Das. 281-282.
[3] Das. 286.
[4] Das. 290.
[5] Das. 291 ff.
[6] Das. 297.
[7] Das. 297 [82].
[8] Das. 298.
[9] Das. 299.
[10] Das. 304.

suprema lex esto » erhielt, wenn auch nicht ohne Opposition, seine Sanktion [1].

Auch eine *religiöse*, oder besser religionsphilosophische Idee spielte im Kampfe eine große Rolle. Von vielen damaligen Zeitgenossen wurde der Mensch *als ein an sich zum Bösen geneigtes Wesen betrachtet.* Die Ansicht des trefflichen Adolf Trendelenburg : Augustin, Kant, Machiavelli und Friedrich d. Gr. hätten den Menschen für von *Natur aus böse* gehalten [2], ist zwar bezüglich Augustin nicht richtig. Aber, daß einst die ersten Protestanten — vielleicht gab es gleichzeitig auch Katholiken — die Folgen der Erbsünde stark übertrieben, ist wahr. Wir wissen es von Calvin und Luther [3]. J. Böhme meinte sogar, die Erbsünde hätte die Menschennatur zu einer *tierischen* gemacht [4]. Auch Spinoza dachte ähnlich [5]. Für Fichte (1762-1804) war der Mensch wie ein Klotz, der zum Guten so wenig fähig sei wie der Stein [6]. E. Kant hielt den Menschen für *radikal böse* [7]. Auch nach Hegel (1770-1831) gehört das Böse zum Begriff des Menschen [8].

Dieser Pessimismus mußte für unsere Frage seine Folgen haben. Ist der Mensch von Hause aus, also *an sich zum Bösen* hingeordnet, dann ist der Zwang an sich und innerlich notwendig mit dem Rechtsbegriffe verbunden ; ja, den Voluntarismus vorausgesetzt, muß dann der Zwang das « Inhaltlichrechtliche » einfach absorbieren. *Der Zwang wird wesentlich zum Rechte selbst!*

So war im ganzen Riesenkampfe die *Identifizierung von Recht und Zwang nichts anderes als die letzte logische Folgerung!* Ist diese ganze Entwicklung des Kampfes für unsere Frage nicht außerordentlich illustrierend ?

2. Recht und Zwang im thomistischen Sinne.

Greifen wir den vorigen Gedanken : der Mensch ist von Hause aus zum Bösen hingeordnet, wieder auf.

Thomas ist wohl der schärfste Gegner dieser verhängnisvollen These. Sein oberstes Naturrechtsprinzip, das leider auch nicht alle der

[1] Das. 301 ff.

[2] Naturrecht, 94.

[3] Vgl. *A. Weiß*, a. a. O. II 145.

[4] *Hamberger*, Die Lehre des J. Böhme, 136 ff. ; *A. Weiß*, a. a. O. II 309.

[5] *Trendelenburg*, Naturrecht, 94.

[6] *A. Weiß*, a. a. O. II 309.

[7] *A. Weiß*, a. a. O. I 40 ; *Erdmann*, Geschichte der neueren Philosophie. III, II 413.

[8] Vgl. Philosophie der Religion, bei *A. Weiß*, a. a. O. II 309.

Unsrigen in seiner ganzen Tragweite erfaßt haben und das virtuell alle anderen enthält, ist der schlagendste Beweis gegen jenen Pessimismus. Seiner innersten, tiefsten Natur nach will der Mensch das « Gute », die Glückseligkeit. Er kann sogar gar nicht anders. Daher « bonum est faciendum et malum evitandum »[1] als höchstes Tätigkeitsgesetz. Auch die Erbsünde hat dieses innerste Wesensprinzip nicht geändert. Sie hat wohl Schwächen und Armseligkeit in das Gebiet der abgeleiteten Kenntnisse und Sturmwolken in die Leidenschaften hineingetragen. Aber das Wesen des Menschen und die Wesenstätigkeit desselben hat sie nicht erreicht. So lehrt der Aquinate[2]. Das ist grundlegend für das ius directivum, das deshalb die leitende Rolle gegenüber dem Zwange übernimmt.

Das veranlaßt mich auch, die Klage zu prüfen : *Das Naturrecht besitzt keine Zwangsgewalt, also ist es kein striktes Recht.* Seit wann ist denn der Zwang für den freien Mann das Erhabenste ? Man vergleiche doch einmal den positiven Rechtszwang mit unserem obersten Naturrechtsprinzip : Das Gute ist zu wollen, und frage : wo liegt die größere Vollkommenheit ?

Im positiven Rechtszwang liegen drei Momente : erstens, er erreicht den *inneren Willen* gar nicht, und das ist offenbar eine Unvollkommenheit ; zweitens, er ist *gegen den Willen,* und das ist an sich wieder eine Unvollkommenheit, weil « involuntarium » ; drittens, er bietet eine gewisse *Sicherheit* des Geschehens. Das ist eine Vollkommenheit, wenn auch eine sehr relative ; denn, wie Nawiasky trefflich sagt, auch der Staat kann nicht hinter jeden Bürger einen Polizisten stellen[3]. Dagegen besitzt das oberste Naturrechtsprinzip : das Gute ist zu wollen, die ersten beiden Unvollkommenheiten des physischen Zwangs nicht ; denn es erreicht den inneren Willen und ist nicht gegen den Willen, da es ureigenst dem Willen das « Wollen » gibt. Dagegen besitzt es das « Sichergeschehen » viel vollkommener, weil *naturnotwendig ;* denn wenn der Mensch etwas will, will er sein Glück. Es ist das tiefste, erste sittliche « Soll » und « Muß », das schließlich auch für den physischen Zwang vorausgesetzt wird. Wo liegt also größere Vollkommenheit ? Ist der Beweis stichhaltig ? Wenn « ja », sollte das Geschrei : das Naturrecht besitzt keine « Notwendigkeit », also ist es kein Recht, verstummen ! Vielleicht wendet man mir ein : Nur das oberste Naturrechtsprinzip

[1] I-II 94, 2.
[2] I-II 85, 1, 2, 3.
[3] Allgemeine Rechtslehre, 39.

ist absolut notwendig ; die abgeleiteten Prinzipien erfüllt der Mensch frei, selbst die Selbsterhaltung. Das ist wahr. Aber sie begründen ja gerade die freie, sittliche Ordnung, der ja auch der physische Zwang, im Staate sogar, dienen soll ! Und ferner besitzt das Naturrecht auch bezüglich der abgeleiteten Prinzipien eine *Rachegewalt*, die, wie Trendelenburg bemerkte [1], jede Macht des positiven Rechtszwangs weit übersteigt [2]. Jeder Säufer und Lustmensch erfährt das. Und wenn auch die Natur langsamer arbeitet und scheinbar weniger sichtbar, so ist ihre Rache und Strafe nur um so gründlicher, weil sie das *Innerste* eines *jeden* Menschen, *individuell* und *sozial, allzeit* und *überall*, in *Ehe, Familie* und *Staat*, von Geburt bis zum Sarge, erfaßt. Was ist der positive Rechtszwang im Vergleich zu den rächenden Naturgesetzen, die Völker und Jahrtausende erreicht und sie zerstörend mit all ihren Kulturwerken dem Selbstuntergange überantwortet ? Unser zweiter Weltkrieg, redet er nicht eine furchtbare Sprache ?

Und nun zur Hauptfrage : *Sind Recht und physischer Zwang innerlich-notwendig miteinander verbunden ?* Das besagt die sog. Identität von Recht und Zwang. Gehört physischer Zwang notwendig zum Begriffsinhalte des Rechts? Damit haben wir die Streitfrage genau präzisiert.

Reden wir zuerst von der *Schwierigkeit* des Problems. Fern sei von uns irgend eine Abschwächung derselben ! Gibt es nicht Rechte, für deren Ausführung physischer Zwang notwendig ist ? Gewiß ! Alle Juristen erklären : Das Recht kann auf den Zwang unmöglich verzichten. Was wäre der Staat ohne das Zwangsrecht ? Der Zwang ist auch privatrechtlich in der Ausführung der iustitia commutativa, zwischen « Mein » und « Dein » notwendig. Aber unleugbar bedarf vor allem der Staat zur Wahrung des Gemeinwohls — man denke nur an Steuer- und Militärpflichten — also bezüglich der iustitia legalis des Zwangs zur Aufrechterhaltung der Gleichheit, Ordnung und des Friedens. Daher die These Nawiasky's vom *äußerlich organisierten Zwange.* « Der äußerlich organisierte Zwang, sagt er, greift bedingungslos ein ; ihm kann man sich nicht entziehen. Man hat diesen Sachverhalt auch so ausgedrückt : Die Rechtsnorm erhebt Anspruch auf unbedingte Geltung ; sie ist unwiderstehlich, duldet keine Verletzung, ist in diesem Sinne unverletzlich » [3]. Wie wichtig ist das für den Staat, falls Rechtsnormen übertreten werden ! Damit hat die

[1] Naturrecht, 90.

[2] III. S. c. G. c. 140 ff.

[3] Allgemeine Rechtslehre, 9.

oberste Rechtsautorität « zwei verschiedene Formen zur Verfügung, entweder direkten äußeren Zwang oder Zufügung eines äußeren Übels : die Rache » [1]. Der Zwang ist also für den Staat unentbehrlich, also « notwendig ». Dazu kommt noch das wichtigste Moment : jedes Gesetz, also jede Rechtsnorm ist überhaupt gar nicht Gesetz ohne die *notwendige* Hinordnung zur Ausführung, wie wir früher dargetan haben. Folglich ist mit jedem Recht die *Notwendigkeit* verbunden. Und selbst unser verdienstvoller Jos. Gredt O. S. B., der erklärte : der Zwang gehört nicht zum Wesen des Rechts, stellte doch wieder den verfänglichen Satz auf : der Zwang ist eine Eigentümlichkeit des Rechts : « coactivitas non est de essentia iuris, sed iuris tantum proprietas » [2]. Wie soll man dies deuten ? Wenn Zwang ein proprium = Eigentümlichkeit des Rechtes ist, dann sind beide doch wieder innerlich notwendig verbunden. Der Leser sieht, wir haben die Schwierigkeiten der zu lösenden Frage fürwahr nicht abgeschwächt.

Die **Lösung** liegt unseres Erachtens in einer thomistischen Unterscheidung, die sogar zwei ganz verschiedene Gebiete abgrenzt. Es gibt eine doppelte Notwendigkeit — necessarium —, eine ***absolute*** und eine bedingte oder *hypothetische :* « Dicendum, quod aliquid dicitur necessarium dupliciter, uno modo absolute, alio modo ex suppositione » [3].

a) Das **Absolut-notwendige** für einen Begriffsinhalt umfaßt präzis alle jene Momente, die das Wesen in der Definition konstituieren, bzw. aus dem Wesen als Eigentümlichkeit innerlich notwendig hervorgehen [4]. Wir haben hier genau die vier ersten praedicabilia, die nach der alten und modernen Logik das Wesentliche eines Begriffs ausdrücken. Alle vier Momente : der Gattungsinhalt, Differenz und Artsinhalt, mit dem, was dem Definierten innerlich eigentümlich ist, weil es aus ihm notwendig hervorgeht, sind notwendige, und nur sie sind notwendige Momente des Sachbegriffs. Nur sie besagen eine notwendige Beziehung zueinander [5]. Stehen Recht und äußerer Zwang in diesem Sinne notwendig miteinander in Beziehung ? Wir bestreiten das aus folgenden zwingenden Gründen :

[1] Das. 10-11 ; 38.

[2] Elem. phil. aristotot.-thom. (Ed. 7) II n. 984.

[3] De Verit. q. 23 a. 4 ad 1 ; ib. I 19, 3.

[4] « Necessarium absolute iudicatur aliquid ex habitudine terminorum, utpote quia praedicatum est in definitione subiecti (genus, species, differentia specifica) vel quia subiectum est de ratione praedicati (proprium) ». I. 19, 3.

[5] « Absolute quidem dicitur aliquid necessarium propter necessariam habitudinem ad invicem terminorum ». De Verit. 23, 4 ad 1.

1. Aus der *obigen Begriffsanalyse:* der äußere Zwang kann dem Rechtsbegriffe nicht einmal als *Eigentümlichkeit* — proprium — zukommen; denn was einem Begriffe als Eigentümlichkeit zukommt, kommt ihm in *allen Gliedern, immer* und *überall* zu, weil es innerlich-notwendig aus der Begriffswesenheit hervorgeht und daher, wie schon der Stagirite gesagt, mit ihr reziprok ist [1]. Nun ist es aber erstens evident, und Eug. Huber hat es besonders hervorgehoben [2], daß es Rechte gibt, wie z. B. in Ehe und Familie und in der iustitia distributiva, die gar nicht erzwingbar sind. Also kommt der Zwang dem Rechte auch nicht als proprium zu. Sodann auch auf Gebieten, wo der Zwang sogar anwendbar ist, wie z. B. in Fragen der iustitia commutativa, wird das Recht für den Zwang schon vorausgesetzt und nicht umgekehrt. Wer mir 1000 Franken schuldet, schuldet sie mir nicht, weil ich ihn betreiben kann, also wegen dem Zwange, sondern ich kann ihn betreiben, weil er sie mir schuldet. Würde die physische Erzwingbarkeit zum Wesen des Rechts gehören, also Recht schaffen, dann würde der Tyrann von da an im Rechte sein, wo er die Gewalt an sich reißt; würde die Revolution in dem Augenblick zur Rechtsgewalt, wo sie siegte; würde das Notrecht in dem Momente aufhören, wo der Meuchler den ungerecht Überfallenen zu Boden schlägt. Das sind alles Absurditäten, die wenigstens in Theorie niemand annimmt!

2. Wir führen noch ein zweites Argument an, das gegen jede innerlich-notwendige Verbundenheit von Recht und Zwang spricht, und das uns zugleich Gelegenheit gibt, eine wichtige gegnerische Schwierigkeit abzuklären. Alle uns bekannten Autoren — nennen wir außer Thomas [3]: Suarez [4], Soto [5], Rommen [6], Cathrein [7], Trendelenburg [8], Eug. Huber [9], Walter Burckhardt [10] — rechnen den Zwang mit Recht zur **Ausführung** des Rechts (executio). Nun ist es, wie

[1] I. Top. c. 4 (Did. I 174, 45).

[2] Recht und Rechtsverwirklichung, 150. Wenn P. Gredt den Zwang als Eigentümlichkeit des Rechts bezeichnet, so hat er das wohl im Sinne einer Eigenschaft des 5. praedicabile gemeint.

[3] I-II 95, 1; 96, 5.

[4] De legibus I c. 17 n. 4.

[5] De iustitia et iure l. I q. 6 a. 7.

[6] Die ewige Wiederkehr des Naturrechts, 207.

[7] Moralphilosophie I 429 ff.

[8] Naturrecht, 90 ff.

[9] Recht und Rechtsverwirklichung, 216.

[10] Organisation der Rechtsgemeinschaft, 234 ff.

Jos. Gredt betonte [1], einleuchtend, daß die Ausführung einer Sache jene Sache, welche ausgeführt werden soll, schon vorausgesetzt, denn was nicht schon da ist, kann auch nicht ausgeführt werden. Folglich setzt der Zwang das Recht schon voraus. Wem leuchtet das nicht ein?

Allein, gerade hier sucht man unserer These den Strick zu drehen. Man identifiziert einfach Ausführung mit Recht und folglich mit dem Zwange, d. h. *Recht ist Zwangsausführung selbst.* Also, folgert man, sind Recht und Zwang innerlich-notwendig miteinander verkettet! — Auch das ist unseres Erachtens unhaltbar. Warum? Jedem Gesetze ist zwar, wie früher ausgeführt, die Hinordnung zur Ausführung intentionell wesenhaft = innerlich-notwendig. Hierin besteht das sittlich-rechtliche « Soll » und « Muß ». Das erreicht der Zwang aber überhaupt nie, weil der innere Wille selbst unbezwingbar ist. Die faktische Erfüllung des Gesetzes ist als solche immer eine sehr *kontingente* und daher veränderliche *Tatsache*, die da sein kann oder nicht, oder so, oder anders. Sie ist also als solche immer etwas *absolut Veränderliches.* Wer also das Recht mit der bloßen Tatsache *als solcher* identifiziert, identifiziert es mit etwas *absolut Veränderlichem.* Damit hat er gar keine *Rechtsnorm*, d. h. das Recht ist dann bloß *Willkür.* Damit fällt auch jede innerlich-notwendige Verkettung von Recht und Zwang! Es bleibt also unsere These: Recht und Zwang sind innerlich unvereinbar! Auch der « organisierte Zwang » Nawiasky's beweist, daß die beiden Ideen: Recht und Zwang an sich miteinander gar nichts zu tun haben, sonst müßte die « *Organisation* » nicht hinzutreten. Somit ist zwischen Recht und Zwang kein innerer, notwendiger Zusammenhang; besser würden wir sagen: keine *metaphysische Verkettung!* Aber, worin besteht denn die « Notwendigkeit » des Zwangs, die auch wir der Rechtsordnung nicht abzusprechen wagten?

b) Es gibt eine zweite, **bedingte oder hypothetische Notwendigkeit.** Sie ist da, wo etwas gesetzt wird, das an sich nicht notwendig ist, sondern nur infolge eines anderen, das vorausgesetzt wird: « non est necessarium ex se, sed solummodo posito alio » [2]. So z. B. ist es an sich nicht notwendig, daß ich mich bewege, aber wenn ich von Wil nach Jonschwil spazieren soll, muß ich mich bewegen; oder wie Thomas sagt: wenn ich etwas will, kann ich es nicht nichtwollen [3], und wenn

[1] L. c. n. 985.
[2] De Verit. 23, 4 ad 1.
[3] I 19, 3.

Sokrates läuft, kann er nicht nichtlaufen [1]. Diese Notwendigkeit gehört nun in eine ganz andere Ordnung hinein als die obige, nämlich in die *Tatsachenordnung*, gehört zum 5. praedicabile !

Nun die Anwendung auf unsere Frage. Das Ideal in der sittlichen Ordnung, d. h. das, was an sich sein sollte, wäre, *daß alle Menschen freiwillig, ohne Zwang das Gesetz erfüllen würden.* So dachten nicht allein Aristoteles und Thomas [2], sondern auch Trendelenburg [3], Vega, Eug. Huber [4], Cajetan, Soto, Suarez, Salmeron, Bellarmin und sogar Nawiasky, der die Anwendung des Zwangs nur im Notfall befürwortet [5]. Nun aber gibt es *tatsächlich* « *Widerspenstige* » — factum —, die das Gesetz nicht guten Willens erfüllen wollen ; also ist der Zwang notwendig. Alles hängt hier von einer *Tatsache* ab und damit das ganze Zwangsrecht. Daher Thomas : den Guten ist das Gesetz nicht gegeben, sondern wegen der Bösen [6].

So ergibt sich als Gesamtresultat : Der Zwang ist nur *zufällig* — per accidens — für die Rechtsdurchführung notwendig. Mit anderen Worten : er ist nur ein *eventuelles* Rechtsmittel, sagen wir es noch genauer : *eines unter mehreren anderen Rechtsmitteln ;* denn das Gewissen und die Religion, die Gewohnheit, die öffentliche Meinung spielen noch eine weit größere Rolle, was auch dem Staate in unserer sturmvollen Zeit einleuchtend sein dürfte !

[1] De Verit. 23, 4 ad 1.

[2] « Dicendum, quod homines bene dispositi melius inducuntur ad virtutem *monitionibus* quam coactione ». I-II 95, 1 ad 1 ; I-II 96, 5.

[3] Naturrecht, 98.

[4] Recht und Rechtsverwirklichung, 151-153 ; 187.

[5] Allgemeine Rechtslehre, 8.

[6] I-II 96, 5 ad 1. Vgl. auch *Pflimlin*, Die Erzwingbarkeit des Rechts. Archiv für kathol. Kirchenrecht, Bd. 84, 14 ff.

Art. 11.

Die Promulgation des Naturgesetzes.

Die Promulgation — Ankündigung des Gesetzes an seine Untergebenen — ist, wie schon Gratian betonte, eine notwendige Bedingung des Gesetzes. Das Axiom : « Lex non promulgata non obligat » hat allgemeine Geltung und ist unbestritten. Hierin finden die Gegner des Naturrechts eine besondere und willkommene Schwierigkeit. Recht verlangt die Promulgation des Gesetzes. Das Naturgesetz besitzt keine Promulgation ; also schafft es kein Recht. Die Schwierigkeit soll im folgenden eingehends geprüft werden ! Doch setzt die Klärung dieser Hauptfragen notgedrungen eine kurze Auseinandersetzung über die Promulgation an sich voraus. Wir werden also an erster Stelle von der Gesetzespromulgation im allgemeinen etwas sagen, um dann von der Promulgation des Naturgesetzes oder -Rechts eingehender zu handeln.

1. Das Wesen der Promulgation.

Wenn wir von der Promulgation kurz die Fragen : *was* sie sei, *von wem sie ausgehen soll, wie* sie vollzogen werden soll, warum sie *notwendig* ist und welches *diese Notwendigkeit* ist, beantworten, so haben wir so ziemlich alles, was hier gesagt werden kann und muß. Manches ist in dieser Erörterung ziemlich dunkel und unbestimmt.

Klar für jedermann ist es, daß die Promulgation von dem **Gesetzgeber selbst ausgehen** muß. Thomas von Aquin betont das dort, wo er von der Promulgation ex professo handelt, sehr bestimmt, und alle Gesetzeskundigen stimmen ihm hierin zu. Da jeder Gesetzeserlaß ein *offizieller* Akt des Gesetzgebers für eine Gemeinschaft ist, muß auch die Ankündigung, die Promulgation des Gesetzes vom Gesetzgeber selbst ausgehen, der allein die gesetzgeberische Autorität besitzt. Daher die Definition des Gesetzes als : Anordnung der Vernunft *erlassen* für die Gemeinschaft von dem, der die Sorge für die Gemeinschaft besitzt: « quaedam rationis ordinatio ad bonum commune ab eo, qui curam communitatis habet, promulgata »[1].

Bedeutend schwieriger ist die Antwort auf die zweite Frage: **was** die Promulgation den Untergebenen ankündigen soll und muß, um dem Erlasse Gesetzeskraft zu verleihen? Man wird kaum eine Ankündigung des Gesetzes in dem Sinne verlangen, daß der einzelne Untergebene von demselben immer eine *genauere, inhaltliche,* noch viel weniger eine *aktuelle* Kenntnis haben kann. Wie wäre das bezüglich unserer Bundesverfassung, die doch alle bindet, möglich? Wie könnte der Einzelbürger von unserem schweizerischen Zivilrechtsbuch, das ohne die Einführungsbestimmungen und Anhänge 977 Artikel aufführt, eine derartige Kenntnis besitzen? Die Kenntnis, welche die Promulgation den Untergebenen von Gesetzeserlassen vermittelt, wird also stets nach den Einzelnbürgern und den verschiedenen Erlassen eine sehr verschiedene sein. Mit anderen Worten: es kann sich nur um sehr *potenzielle,* sagen wir um *Umrißkenntnisse handeln.* Das ist es eben, was schon die Alten, wie Soto[2], Suarez[3], Vitoria[4], Billuart[5] gesagt: die Promulgation verlangt nicht, daß jeder Einzelbürger das Gesetz *aktuell* kenne, sondern verlangt nur, daß *es ihm moralisch möglich sei, das Gesetz zu kennen.* Das schließt auch nicht aus, daß es *schuldlose* Gesetzesübertretungen gebe[6], was der Richter billig berücksichtigen muß.

Über das **wie,** d. h. die Art und Weise und wo die Promulgation stattfinden soll, entscheidet im allgemeinen ebenfalls der Gesetzgeber selbst[7]. Bekanntlich begann die *lex christiana* nach der Auferstehung des Herrn, als er den Aposteln auftrug, zu predigen usw.; die Gesetze des *Apostolischen Stuhles* erhalten verpflichtenden Charakter, nachdem drei Monate verflossen sind seit ihrer Edition in den Acta Apostolicae Sedis, falls nicht in Einzelfällen eine andere Art der Promulgation vorgesehen ist[8]. Allgemein verpflichten *bischöfliche Gesetze* sofort nach

[1] I-II 90, 4. Dem widerspricht die Tatsache nicht, daß in der Schweiz und anderswo gewöhnlich die *administrative* Behörde (Bundesrat), die Gesetze promulgiert. Alles das geschieht nur im Auftrage der Legislative.

[2] De iustitia et iure, l. I q. 2 a. 4.

[3] De legibus I c. 11.

[4] Comm. in II-II de iustitia q. 57 a. 2.

[5] Tract. de legibus, Diss. I a. 3.

[6] *Soto,* ib.; *Billuart,* ib.

[7] *Billuart,* ib.; *Suarez,* ib.

[8] « Leges ab Apostolica Sede latae promulgantur per editionem in *Actorum Apostolicae Sedis commentario officiali,* nisi in casibus particularibus alius modus

ihrer Publikation. Doch bestimmt auch der Bischof selber, wie sie promulgiert werden müssen [1]. Für all diese Fragen ist wenigstens letztinstanzlich nur der Legislator maßgebend, sowie auch dafür, wer von der Gesetzespflicht ausgenommen sein soll und wann die Zeit der Verpflichtung bei Minderjährigen usw. beginnt.

Einig sind auch alle Rechtslehrer über die **Notwendigkeit** der Promulgation für jedes verpflichtende Gesetz. Da, so sagt Thomas, ein Gesetz in der praktischen Ordnung nur Gesetz ist, insofern es für die Untergebenen Richtschnur und Maßstab des richtigen Handelns ist, so ist es jedermann klar, daß der Untergebene es erst kennen muß. Er kann es aber nur durch die offizielle Ankündigung, d. h. die Promulgation kennen ; also ist letztere, soll das Gesetz verbindliche Kraft haben, absolut notwendig. « Unde promulgatio necessaria est ad hoc, quod lex habeat suam virtutem », sagt Thomas [2]. Das alles ist unbestritten.

Strittig aber ist die Frage über den Charakter dieser Notwendigkeit. Genauer präzisiert, wird die Frage gestellt : ist die Promulgation eine **wesentliche** Eigenschaft des Gesetzes ? Mit « ja » antworten unter anderen Rommen [3] und Cathrein [4]. Mit « nein » Billuart [5] und Suarez [6], während andere darüber sich nicht äußern. Es scheint überhaupt, daß viele nur *eine* Notwendigkeit kennen: die innere-wesentliche. Wir haben aber schon oben in der Frage über den Zwangscharakter hervorgehoben, daß es auch eine necessitas in ordine facti, also eine äußere gibt, die der Sache nicht wesentlich ist. Das scheint uns auch hier zuzutreffen. Oder nicht ? Setzt die Ankündigung, Promulgation des Gesetzes nicht schon das Gesetz voraus ? Was kann denn angekündigt werden, wenn es nicht schon da ist ? Thomas nennt die Promulgation eine Anwendung, « applicatio » des Gesetzes : « applicatur his quae regulantur et mensurantur » [7]. Die Anwendung einer Sache auf etwas setzt doch das,

promulgandi fuerit praescriptus ; et vim suam exserunt expletis tribus mensibus a die, qui Actorum numero appositus est ». Cod. iuris Canonici, Canon 9.

[1] « Leges episcopales statim a promulgatione obligare incipiunt, nisi aliud in ipsis caveatur ; modus autem promulgationis ab ipsomet episcopo determinatur ». Ib. Can. 335 § 2.

[2] I-II 90, 4.

[3] Die ewige Wiederkehr des Naturrechts, 200.

[4] Moralphilosophie I 306.

[5] Tract. de legibus, Diss. I a. 3 : « Probabilius videtur promulgationem non esse de essentia legis ».

[6] De legibus I c. 11.

[7] I-II 90, 4.

was angewandt werden soll, schon voraus, wie auch das « Gemessene » den Maßstab, nach welchem es gemessen wurde. Uns scheint daher eher wahr, daß die Promulgation nur eine *äußere notwendige Bedingung* — conditio extrinseca — des Gesetzes ist. Das stimmt dann auch mit einer anderen Frage. Die lex aeterna ist sicherlich von Ewigkeit her ein Gesetz, ja, das Gesetz aller Gesetze. Dennoch wurde es für die zeitlichen Dinge, deren Maßstab es ist, erst in der Zeit und mit den zeitlichen Dingen promulgiert [1].

2. Die Promulgation des Naturrechts.

Hier liegt angeblich, wie die Gegner des Naturrechts behaupten, eine unüberwindliche Schwierigkeit für das Naturrecht vor. Es besitzt *keine Promulgation*, die doch für jedes Gesetz notwendige Bedingung ist, soll es verpflichtende Autorität für die Untergebenen haben.

Prüfen wir den *Ausgangspunkt* der Frage etwas genauer. Rufen wir dem Leser nochmals in Erinnerung, was wir schon angedeutet und was der gescheite J. B. Jaccoud so träf markierte [2] : Auch in der reifsten Demokratie wird jeder Einzelbürger weder vom Einzelgesetz und noch viel weniger von Gesetzessammlungen, von ganzen Verfassungen, eine inhaltlich genaue Kenntnis besitzen. Streiten sich doch darüber oft selbst die Juristen und Gerichtshöfe. Wem leuchtet das nicht ein bei der heutigen unermeßlichen, positiven Gesetzesfabrikation! Es kann sich also auch auf dem Boden der positiven Gesetzgebung für die Bürgermasse, nur um sehr *fragile, konfuse, allgemeine, unbestimmte* Kenntnisse von Gesetzeskomplexen, sagen wir, um *Abrißkenntnisse*, um Kenntnisse nach *allgemeinsten Prinzipien* handeln. So steht es mit der Promulgation auf positivem Gebiet !

Stellen wir nun diese der Promulgation des Naturrechts vergleichend gegenüber, so scheint es uns, daß der Vergleich zu Ungunsten der positiven Promulgation ausfalle. Wir möchten hier drei Momente hervorheben : erstens, das Naturrecht besitzt ein *oberstes*, an sich jedermann evidentes Prinzip, von dem sogar jede positive Promulgation abhängt ; zweitens, es besitzt noch *andere leicht erkennbare* Prinzipien ; drittens, das *Zeugnis des Völkerbewußtseins* bestätigt uns, daß es eine unleugbare Promulgation des Naturrechts gibt.

[1] I-II 91, 1 ad 2.

[2] Droit naturel et démocratie, 41 ff.

a) *Das erste, oberste Prinzip.*

Wie früher gesagt, liegt das Naturrecht in der rationalen *Menschennatur*, die überall und in allen dieselbe ist, begründet [1]. Diese rationale Menschennatur kündet als erstes, oberstes Prinzip : « Das Gute ist zu tun, das Böse zu meiden » [2], was gleichbedeutend ist mit dem Satze : das Glück — bonum in communi — ist zu wollen, das Unglück zu meiden. Dieses erste und oberste naturrechtliche Prinzip besitzt so wunderbare Eigenschaften, daß wir sie hier zum zweiten Mal wiederholen :

1. Es ist das *allerallgemeinste* Strebeprinzip : das Wohl und Glück, also das bonum in communi ist offenbar das höchste Ziel aller menschlich-individuell-sozialen Bestrebungen, in der Familie, im Staate und der ganzen Völkerfamilie [3].

2. Es kündet daher auch das *tiefstobjektive* Wollen des Menschen, weil es *zuerst* und *immer* in *allem* sich kündet. Schon das sagt uns, wie ungerecht Bergbohm urteilt, wenn er behauptet [4], das Naturrecht wäre im *Subjektivismus* begründet.

3. Es ist ein *unleugbares* Prinzip, das niemand ignorieren oder leugnen kann. Der Mensch will es *willig-naturnotwendig*, wenn er überhaupt etwas will. Und wollte er es nicht, so wollte er es doch, weil « Nicht-Wollen » wieder sein Glück wäre. Eine *Ignoranz* kann es daher hier nicht geben, noch eine Leugnung ! Kommt der Mensch überhaupt zum Vernunftgebrauch, so will er sein Glück. Es ist die Ursache des Wollens schlechterdings [5].

4. Daher betonen wir wieder gegen Bergbohm [6] : es ist auch ein eminent *positives* Gesetz, da es virtuell allem Tugendstreben zugrunde liegt und objektiv alles anstrebenswerte Gute enthält.

5. Folglich ist es auch die *Voraussetzung aller positiven* Gesetzgebung, die, den Willen zum Glücke voraussetzend, nur die Mittel zum Glücke näher bestimmt.

[1] Dom Odon Lottin rechnet es Thomas zum besondern Verdienst an, daß er das Naturrecht in die vernünftige Natur des Menschen verankerte. (Le droit naturel chez saint Thomas d'Aquin, 103.) Anderwärts identifiziert er in seiner wertvollen Schrift die ersten Prinzipien mit dem Naturrecht selbst (99), was offenbar unrichtig ist, da die ersten *Prinzipien erst aus* der Natur hervorgehen.

[2] I-II 94, 2.

[3] I-II 1, 7.

[4] Jurisprudenz und Rechtsphilosopie, 170 ; 452.

[5] I-II 10, 1 ; I 19, 3 ; I. S. c. G. 80.

[6] Ib. 174.

Ist es *angeboren?* Ja und nein! Es ist in der praktischen Ordnung das erste unmittelbar evidente Prinzip und daher der Prüfstein aller anderen unmittelbar evidenten Prinzipien. Wie in der spekulativen Ordnung das « Sein » der erste Begriff ist und daher das Widerspruchsprinzip der erste Satz ist als Prüfstein aller anderen, so ist die Idee des « Guten », der Glückseligkeit, die erste in der praktischen Ordnung. Gewiß ist auch sie, wie alle Ideen, aus der Erfahrung *abstrahiert*, und insofern gibt es keinen Innatismus. Aber die abstrahierte Idee des Guten vorausgesetzt, will der Wille spontan ohne jede Vermittlung das Gute, weil seine *Naturanlage* absolut naturnotwendig zu ihm als ureigenstem Objekt hingeordnet ist [1]. In diesem Sinne ist das Prinzip angeboren! Ist es *klar*, oder nur konfus erkannt, wie man häufig sagt? Das Erstere und das Zweite. Unleugbar klar ist es formell, d. h. seinem allgemeinen Inhalte nach. Was ist klarer und sicherer, als daß wir nach Glück, also dem « Gut » als solchen, streben! Das Zauberwort alles Lebens! Konfus ist es bezüglich dessen, was es *potenziell* enthält, nämlich: jegliches Gut.

Jetzt stellen wir an den Leser die Frage: Wo gibt es in der positiven Gesetzesordnung eine Promulgatio legis, die so *klar*, so *grundlegend, allgemein* wäre, wie die Promulgation dieses höchsten naturrechtlichen Prinzips, dem der Mensch zugleich *naturnotwendig* zustimmt, und das überdies die *Voraussetzung* aller positiven Promulgationen ist. Fürwahr, das Naturrecht besitzt eine Promulgation, die sich mit jeder positiven messen kann! [2]

b) *Die Promulgation weiterer naturrechtlicher Prinzipien.*

Gewiß gibt es auch wenige normale Menschen, die das Naturrecht bis in alle äußersten und letzten Schlußfolgerungen zu verfolgen imstande sind. Das ist Gelehrtenarbeit [3]. Es ist daher auch nicht verwunderlich, wenn es Gesetzgeber gab, die ungerechte Gesetze erließen [4]. Hier vor allem spielt die Kulturstufe eines Volkes eine eminente Rolle. Da die Barbarei selber gegen die Menschennatur ist, weil sie Barbarei

[1] I-II 94, 2; 94, 4. Vgl. dazu *Jaccoud*, l. c. 43; *Cathrein*, Moralphilosophie, I 316; *Lottin*, l. c. 100.

[2] Hier zeigt es sich, wie wichtig die richtige Unterordnung der Naturprinzipien ist, d. h. daß man thomistisch das Prinzip « das Gute ist zu wollen » an erste Stelle setzt!

[3] I-II 94, 6; 99, 2 ad 2.

[4] I-II 94, 6 ad 3.

ist, sind Gesetze der Menschenfresser kein Beweis gegen das Naturrecht [1]. Aber der Mensch als solcher bleibt Mensch, auch wenn er, oder der eine und andere, oder sogar größere Massen durch *abnormale Einflüsse* ihre Menschennatur *nicht rationell* betätigen.

In Tat und Wahrheit gibt es außer dem ersten, höchsten Prinzip, das wir dargetan, eine Reihe von naturrechtlichen Sätzen, die jeder, von Hause aus, spontan als etwas Selbstverständliches anerkennt, also kennt. So die Verehrung der *Eltern*, das Verbot des *Mordes*, selbst des *Diebstahls*. So sagt Thomas : « Quaedam enim sunt, quae statim per se ratio naturalis cuiuslibet hominis diiudicat esse facienda vel non facienda, sicut honora patrem tuum et matrem et non occides, non furtum facias et huiusmodi sunt absolute de lege naturae » [2]. Spontan und wie als etwas absolut Selbstverständliches wird jeder Mensch, selbst der Wilde, der keine positiven Gesetze kennt, sich das Recht der *Notwehr* vindizieren [3]. Jeder Bube wird ohne weitere Überlegung spontan sich dieses Rechtes wehren. Überlegung braucht es erst dann, wenn er aus höheren Gründen auf dieses Recht verzichten soll, oder wenn die Klugheit ihm wieder aus Interesse der *Selbsterhaltung* rät, nicht dreinzuschlagen. Dasselbe gilt von dem Rechte der *Selbsterhaltung* durch Speise und Trank, oder dem Rechte der *sozialen Verbindung* mit andern, der sexuellen Fortpflanzung [4], oder dem Rechte der *Ausbildung* seiner Fähigkeiten, des Verstandes und des Willens [5]. So konnte Thomas sagen, daß die Vorschriften des Dekalogs, wenigstens den Hauptlinien nach, jedem Menschen naturrechtlich klar seien, weil sie keiner längeren Überlegung bedürfen [6]. Es gibt also außer dem höchsten Naturprinzip noch eine sehr klare Promulgation hinsichtlich einer ganzen Reihe naturrechtlicher Prinzipien, die auch für den einfachsten, ungebildeten Mann gleichsam einen *Gesetzesabriß* des Naturrechts darstellen, der klarer sein dürfte, als jener, den gewöhnliche Bürger von der Landesverfassung haben.

Zur Klärung der ganzen Frage müssen wir aber hier auf die erwähnten **abnormalen** Einflüsse zurückkommen.

[1] *Jaccoud*, l. c. 42.

[2] I-II 100, 1.

[3] II-II 64, 7 ; 65, 1.

[4] I-II 94, 2.

[5] IV. Sent. d. 33 q. 1 a. 1 ; II-II 65, 3 ; I-II 94, 3. Über diese verschiedenen Rechte vergleiche auch : *Soto*, De iustitia et iure, l. I q. 4 a. 2 ; *Vitoria*, Comm. in II-II, De iustitia et iure, q. 57 a. 2 ; *Suarez*, De legibus I c. 11.

[6] I-II 100, 1.

Absolut abnormal ist es selbstverständlich, wenn jemand überhaupt *keinen Vernunftgebrauch* besitzt. In diesem Falle kann selbstverständlich die rationale Menschennatur, in der entitativ das Naturrecht liegt, das Naturrecht gar nicht *künden*, auch nicht bezüglich der ersten und obersten Prinzipien. Daß es solche vereinzelte Menschen gibt und geben kann, ist Tatsache, beweist aber nichts gegen das Naturrecht, denn *ein* Narr beweist nicht, daß alle Menschen Narren seien, sonst könnte man nicht einmal erkennen, daß es *einen* Narren gäbe. Diese lombrosische Methode zieht heutzutage nicht mehr.

Ist aber der Vernunftgebrauch auch nur in einem minimalen Grade vorhanden, dann kündet sich sicher auch das Naturrecht, zum allerwenigsten inbezug auf das höchste Prinzip : das Streben zur Glückseligkeit, und wenigstens verworren auch bezüglich anderer naturrechtlicher Prinzipien. Wie steht es da mit den abnormalen Einflüssen ? Das ist die wichtige Frage, nach deren Klärung wir hier vorzüglich suchen !

Gewiß hängt jede rationale, freie Tat von der Erkenntnis ab, aber nicht notwendig von der *wahren* Erkenntnis. Jene sokratisch-platonische These : « Der Wille folgt immer der wahren Erkenntnis », hat bekanntlich schon Aristoteles bekämpft [1] und niemand klarer als Paulus [2]. Sie widerspricht, sagt Thomas mit Recht, der Erfahrung, « experimento » [3]. Irrig und daher abnormal kann die Erkenntnis in der freien Handlung unter doppeltem Gesichtspunkte werden : erstens bezüglich des *Allgemeinwissens :* « was ist gut », und zweitens hinsichtlich des *praktischen Urteils,* dem der Wille frei folgt : was ist « hic et nunc » gut und daher zu tun [4] ?

a) Bezüglich des *Allgemeinwissens :* « was ist gut ». Hier sind Irrtümer möglich, sogar in Einzelfällen bezüglich höchster, an sich evidenter Naturprinzipien [5], dann aber auch allgemein inbezug auf abgeleitete Prinzipien — praecepta secundaria. Ursache dieser Irrtümer sind hauptsächlich: *Leidenschaften, schlimme Gewohnheiten, falsche Volksansichten* und *Volkssitten* [6]. Derart war die allgemeine Ansicht des germanischen Volkes von der Erlaubtheit des Diebstahls, trotzdem der Diebstahl, wie Caesar richtig bemerkte, direkt gegen das Naturrecht

[1] VII. Eth. c. 2 (II 77, 11).

[2] « Video aliam legem in membris meis repugnantem legi mentis meae et captivantem me in lege peccati ». Rom. 7, 23. Dazu *Thomas*, I-II 77, 2.

[3] I-II 77, 2.

[4] Ib.

[5] I-II 94, 6.

[6] I-II 94, 4 u. 6.

ist [1]. So erklären sich Mord, Selbstmord und homosexuelle Vergehen, die gegen allgemeinste Naturvorschriften verstoßen [2]. Hieher gehört auch jene Volksunsitte, altersschwache Eltern aus Erbarmen zu töten. Sie zeugt zwar auch für die Verehrung der Eltern — also Naturrecht —, war aber ein allgemeiner Irrtum in der Art der Verehrung.

b) Bezüglich des *praktischen Urteils:* Staaten und Private können praktisch Irrwege gehen, auch wenn sie allgemein das Richtige erkennen. So wissen wir, wie die Griechen aus Staatsinteressen die *Sklaverei* und den *Kindermord* gesetzlich schützten, trotzdem sie wohl wußten, daß beides sowohl ihrer Religion als auch dem Naturrecht widersprach [3]. Wenn der Staat ein Sünder ist, dann ist er ein großer ! Auch der Private verletzt praktisch nur zu oft das Gesetz, selbst wenn er allgemein weiß, was gut ist. Hier tritt dann immer ein « Riß » ein zwischen der richtigen Erkenntnis und dem augenblicklichen tatsächlichen Handeln. Der Ursachen gibt es verschiedene. Vielleicht denkt einer im Augenblick des Handelns nicht an die richtige Erkenntnis, oder er ist intensiv auf etwas anderes konzentriert, oder er ist leidend. Vor allem spielt auch hier wieder die Leidenschaft eine große Rolle, zumal die Liebe, die bekanntlich auch wahnsinnig machen kann [4]. Thomas hat alles das mit dem typischen Satze markiert : « Wer von der Leidenschaft beherrscht ist, sieht im Augenblick nicht, was er sonst im allgemeinen kennt », « Ille, qui est in passione constitutus, non considerat in particulari id, quod scit in universali » [5].

c) *Das Zeugnis des Völkerbewußtseins.*

Das Völkerbewußtsein umfaßt auch das Zeugnis des Völkergewissens.

Wie früher erwähnt, hat bereits *Sokrates* das allen Menschen angeborene Streben zur Glückseligkeit zum Maßstab alles sittlichen Handelns geprägt.

Zu dem, was wir früher von *Aristoteles* gesagt, heben wir hier nur eigens hervor, was für die Promulgation des Naturrechts besondere Bedeutung hat. Dahin gehören die Sätze : daß *alle Menschen das Naturrecht spontan erkennen* [6] ; daß es ein Recht sei, das weder *heute noch*

[1] I-II 94, 4.
[2] I-II 72, 2 ; 94, 4.
[3] *Jaccoud*, l. c. 43.
[4] Ib.
[5] I-II 77, 2.
[6] I. Rhetor. c. 13 (I 340, 24-25 ; 341, 2).

gestern entstand, sondern *ewig war* [1], daß es gelte, soweit wie der *Himmel blaut* [2]. Schon er hat das erste Prinzip : das Gute tun, das Böse meiden, proklamiert [3]. Etwas ironisch sagt er : « Des wackeren Mannes ist es eher, dieses Gesetz zu halten, als das positive » [4]. Auch die lex : « Pacta sunt servanda », hat schon er verkündet [5].

Es gab somit schon bei Aristoteles eine Promulgation des Naturrechts !

Wie die stoische Schule das aristotelische Gedankengut durch *Zeno, Seneca, Epiktet* und *Marc Aurel* weiterführte, wurde früher betont. Bei all den Genannten gab es ebenfalls eine Promulgation des Naturrechts.

Daß das dem Rechts-Genius des römischen Volkes nicht fehlen konnte, ist selbstverständlich. Aus dem herrlichen Zeugnis des *M. Tullius Cicero* für das Naturrecht, das wir früher im Wortlaute wiedergaben, heben wir hier nur das heraus, was speziell die Promulgation angeht. Jenes Gesetz, das in der Menschennatur begründet ist und für alle Völker aller Zeiten und Himmelsgegenden gilt und jede Verletzung selber furchtbar rächt, bedarf *keines Erklärers* noch *Auslegers :* « neque quaerendus explanator aut interpres eius » [6].

Wie die modernen Leugner des Naturrechts, die Laas, Paulsen, Ihering usw. sich in Selbstwidersprüche verwickelten, ist häufig hervorgehoben worden [7]. Sie haben vor allem das ganz natürliche, angestammte Pflichtgefühl zum Guten : das « Sollen », jene natürliche « Nötigung », die auch Philosophen anderer Richtung, wie Salter, J. G. Fichte, Ulrici und Paulsen selbst als Tatsache hervorhoben, nie zu klären vermocht [8]. Victor Cathrein S. J. hat das große Verdienst, aus der Geschichte, sowohl der Kulturvölker [9], wie der Naturvölker [10] (Asiens, Afrikas, Amerikas), nachgewiesen zu haben, daß allen Völkern der Unterschied zwischen « Gut » und « Bös », « Tugend » und « Laster », ja sogar die allgemeinsten Grundsätze der Gerechtigkeit und Nächstenliebe, wie sie im Dekalog niedergelegt sind, Gemeingut waren, und daß sie sich dabei auf eine vom menschlichen Belieben unabhängigen Sanktion beriefen [11].

Zum Zeugnis des Völkerbewußtseins gehört auch das Zeugnis des **Völkergewissens.**

[1] Ib. (340, 29).
[2] Ib. (340, 34-35).
[3] Ib. (340, 37).
[4] I. Rhetor. c. 15 (343, 28).
[5] Ib. (343, 31).
[6] De republica III, 22 [2].
[7] Vgl. *Cathrein*, a. a. O. I 148. *W. Schneider*, Göttliche Weltordnung, 462 ff.
[8] *Cathrein*, das. 319 [1].
[9] Das. 510-553.
[10] Das. 553-612.
[11] Das. 613.

Das Gewissen ist in der Einzelhandlung der Führer «vor», «in» und «nach» der Tat. Es ist eine furchtbare Macht. Es ist der Künder, Belohner und Rächer der natürlichen Prinzipien und damit des Naturrechts und göttlichen ewigen Gesetzes [1]. Es ist also die Stimme Gottes, aber zunächst auch der Menschennatur, die mahnend, schützend, strafend und rächend jede Handlung vor ihren Richterstuhl ruft. Mag man ihr für den Augenblick den Mund schließen : sie lebt kraft der innewohnenden Menschennatur immer wieder auf. Das « Furchtbare » in ihr liegt darin, daß es die Stimme des *Innersten im Menschen* ist, wo das « Ich » das eigene « Ich », ohne Gegenpartei, ohne Ausflüchte, ohne Schonung, ohne Bestechung, als *Kläger* und *Zeuge* und *Richter* und *Rächer* zugleich, vor sein Tribunal zieht, bei Tag und bei Nacht, bei Jung und Alt, überall. Es ist ein *Völkerzeuge* für das Naturrecht und seine Promulgation [2].

Wer seine Existenz leugnet widerlegt den Leugner selbst. Es ist erschütternd, wenn der welt- und menschenkundige Heerführer Graf von Moltke noch kurz vor seinem Tode schrieb: « Auch ein höherer Ratgeber ist uns beigeordnet. Von uns selbst unabhängig, hat er seine Vollmacht von Gott. Das *Gewissen* ist der *unbestechliche, unfehlbare* Richter, welcher sein Urteil in jedem Augenblicke spricht, wo wir ihn hören wollen und dessen Stimme auch den erreicht, der *sich ihr verschließt*, wie sehr er sich dagegen sträubt. Es predigt die Moral in der Brust von *Christen, Juden, Heiden* » [3].

Wie zutreffend nannte W. Schneider das Gewissen den *Sinai* in unserer Brust, wo die innere Gesetzesstimme, auch gleichsam von Donner und Blitz begleitet, trotz allen Trugbildern, welche die Leidenschaft eingibt oder verkehrte Schulweisheit erdichtet, dennoch uns an das ewige Gesetz erinnert und davor uns warnt [4]. Das erinnert uns so lebhaft an das, was schon die alten Heiden beteuerten. So, wenn *Aeschines* behauptete : in Griechenland hätten sich viele Richter selbst getötet wegen der von ihnen gefällten Urteilssprüche [5]. Auch *Cicero* erinnerte bekanntlich an die Selbstrache des Naturrechts, wenn Frevler

[1] I 79, 13 ; De Verit. q. 17, 1 u. 2.

[2] Am tiefsten hat *Julius Müller* den vorigen Gedanken ausgedrückt : « Nicht der Mensch hat das Gewissen, sondern *es hat ihn*». Die Lehre von der Sünde, 6. Aufl. Bremen 1889, Bd. I, 283.

[3] *Graf von Moltke*, Gesammelte Schriften (1892), I 348.

[4] *W. Schneider*, Göttliche Weltordnung und religiöse Sittlichkeit. Paderborn 1900, 459.

[5] Rede über die Truggesandtschaft (n. 88) bei *Cathrein*, a. a. O. I 321.

sonst aller Gerechtigkeit entgehen [1]. Selbst nach dem ungeheuer nüchteren *Aristoteles* bringen sich diejenigen selbst ums Leben, die sich schwerer Verbrechen schuldig wissen [2]. Auch kennen wir die Berichte eines *Tacitus* über die Gewissensbisse des Tyrannen Tiberius [3] und des *Sueton* über jene des Muttermörders Nero [4].

Neuere Strafrechtslehrer und Gefängnisbeamte aus der Schule Lombrosos haben zwar dem Verbrecher die Gewissensbisse abzusprechen gesucht [5]. Dagegen bezeugt der Gefängnisarzt *A. Baer* das Gegenteil [6], und der Strafanstaltsgeistliche *Joh. Jäger* schreibt wörtlich : « Und Schuldbewußtsein, Reue ! Wahrhaftig, diese Leute haben in dieser Hinsicht eine Tiefe des Gefühls, eine Schärfe der Selbstkritik, die jede Beschönigung unerbittlich zurückweist und immer wieder in dem Satze gipfelt : Mea culpa, mea maxima culpa » [7] !

Providentiell sollte es offenbar dem großen Völkerapostel *Paulus* vorbehalten sein, für die Promulgation des Naturrechts, sowohl im Sinne des Völkerbewußtseins, als des Völkergewissens, das herrlichste Zeugnis abzulegen. Der Leser kennt die herrlichen Worte, die Paulus an das große Rechtsvolk der *Römer* richtete : « Wenn die Heiden, welche das Gesetz nicht haben, aus *natürlichem Antrieb* das tun, was zum Gesetze gehört, so sind sie, die so ein Gesetz nicht haben, *sich selbst Gesetz* und zeigen, daß das Werk des Gesetzes *in ihre Herzen geschrieben* sei, indem ihr *Gewissen* ihnen Zeugnis gibt und die Gedanken sich untereinander *anklagen* oder *lossprechen*, am Tage, wann Gott gemäß meinem Evangelium das *Verborgene* der Menschen richten wird durch Jesum Christum » [8]. Auf Grund dieses Textes haben alle Kirchenväter mit Ambrosius und Hieronymus von einem Gesetze gesprochen, das keinem Menschen *unbekannt* ist, weil es mit uns geboren, uns angeboren ist, *ohne Lesung* erworben, aus unserem Innersten hervorquillt [9]. Auch Thomas [10] verweist für das Naturrecht auf diese

[1] « Cui (legi), qui non parebit, ipse se fugiet ac naturam hominis aspernatus hoc ipso luet maximas poenas, etiam si caetera supplicia, quae putantur effugerit ». De republica III 22 [2].

[2] IX. Eth. c. 4 (II 108, 10).

[3] Annal. 6, 6.

[4] Nero, c. 34.

[5] *Schneider*, a. a. O. 461.

[6] Der Verbrecher in anthropologischer Beziehung. Leipzig 1893, 105.

[7] Beiträge zur Lösung des Verbrecherproblems. Erlangen 1895, 182. Bei *Schneider*, a. a. O. 461.

[8] Rom 2, 14-17. Dazu vgl. *Billuart*, Tract. de legibus Diss. I a. 3.

[9] Vgl. *F. Keller*, Lexikon der Pädagogik « Naturrecht ».

[10] In ep. ad Rom. c. II lect. 3.

Stelle und zieht dafür noch die berühmte Stelle des Psalmisten (Ps. 4, 6. 7) heran : « Viele sagen, wer wird uns Gutes zeigen ? Das Licht deines Angesichtes, Herr, ist gezeichnet über uns ; du hast Freude in mein Herz gegeben ».

Wer all das Gesagte ernstlich in Betracht zieht, wird dem Naturrecht wohl kaum die hinreichende Promulgation absprechen, wie die Gegner es tun. Aber freilich, der Stein des Anstoßes ist und bleibt immer derselbe. Das Naturrecht ist eine *metaphysische* und daher Weltanschauungsfrage. Indes, ohne Metaphysik kein sicheres menschliches Wissen, keine unverrückbaren Prinzipien, weder für das Individuum, noch für den Staat und die Völker. Wäre unsere Zeit nicht geeignet, über ein großes Vorurteil ernstlich nachzudenken und es wenigstens zu untersuchen ?

Art. 12.

Die Rechtspflicht.

Die Rechtspflicht setzt die gebührende Kundgabe des Gesetzes an die Untergebenen — Promulgation — voraus. Wir folgen also auch hier dem ordnungsgemäßen Gedankengange.

Es liegt ein großes Stück Wahrheit und Ironie zugleich in der Behauptung des Aristoteles, des größten Staatslehrers des Altertums, wenn er sagt : « Über Recht und Gerechtigkeit das Richtige lehren ist zwar sehr schwierig ; aber es ist noch leichter, als die Mächtigen davon zu überzeugen ; denn Recht und Gerechtigkeit suchen die Schwachen ; die Mächtigen kümmern sich wenig darum » [1]. Das weist offenbar auf die Schwierigkeit der *Rechtspflicht* hin. Es ist jedenfalls auch viel sagend, wenn, auch vielleicht etwas übertrieben, Eisler sagt : « Philosophisch wird der Begriff der Pflicht, des « Gebührenden », erst bei den Stoikern ausgebildet » [2]. Auch im Mittelalter wurde, so scheint es mir, dieser Begriff wissenschaftlich stiefmütterlich behandelt. Es sei E. Kant zur Ehre angerechnet, wenn er gerade auf die Bedeutung dieses Begriffes, den er zwar mit seinem kategorischen Imperativ ebenfalls schwach begründet hat, emphatisch hinwies mit den Worten : « Pflicht ! du erhabener großer Name, der du nichts Beliebtes, was Einschmeichelung bei sich führt, in dir fassest, sondern Unterwerfung verlangst, doch auch nicht drohest, was natürliche Abneigung im Gemüte erregte und schreckte, um den Willen zu bewegen, sondern bloß ein Gesetz aufstellst, welches von selbst im Gemüt Eingang findet und doch wider Willen Verehrung erwirbt, vor dem alle Neigungen verstummen, wenn sie gleich ihm entgegenwirken » [3].

[1] VI. Pol. c. 1 (I 592, 43).

[2] Wörterbuch der philosophischen Begriffe « Pflichten ».

[3] Kritik der praktischen Vernunft, I. Teil, I. Bd., 1. Hauptstück, 105. Vgl. *E. Huber*, Recht und Rechtsverwirklichung, 31 [1].

Wir werden im folgenden über *Wesen* und *Pflichtsubjekt*, über die *Pflichtarten*, das Verhältnis von *Recht* und *Pflicht* einiges sagen, um dann die wichtigen Fragen über den *Pflichtursprung* und die *Pflichtaufhebung* zu erörtern.

1. Wesen und Träger der Pflicht.

Für einen Realisten, im Gegensatz zu Kant, ist die *sittliche Ordnung* als solche, in welche das sittliche Handeln als Rahmen hineingehört, etwas *absolut Reales*, von einem Höheren, nämlich Gott, Gegebenes. Sie selbst ist also nicht von uns; denn sowohl unser höchstes Ziel, als auch Verstand, Wille und Gewissen, die bei der Pflichterfüllung tätig sind und die Gesetze, nach denen sie tätig sein sollen, sind uns objektiv-real gegeben von Gott, ja selbst unser naturnotwendiges Streben nach Glück, zum bonum commune.

Unser pflichtig-sittliches Handeln beginnt erst mit der *Wahltätigkeit* des Zieles in concreto und den Mitteln zum objektiv-realen Ziele. Hier erst haben wir das Gebiet der *Pflicht*, des sittlichen « Sollens » dessen, was der Wille notwendig, aber frei im Hinblick auf das Ziel, tun oder lassen soll. Die Pflicht liegt also in einem *moralisch-frei-notwendigen Handeln*. Thomas hat das Wesensmoment der Pflicht markiert als eine « verlangte notwendige Hinordnung von Etwas zu einem andern »: « In nomine ergo debiti importatur ordo exigentiae vel necessitatis alicuius ad quod ordinatur »[1]. Mit dem Gesagten haben wir eigentlich auch schon das **Pflichtsubjekt** bestimmt. Da pflichtiges Handeln *freies Handeln* voraussetzt, kann Träger von Pflichten weder ein unbelebtes, noch ein tierisches Wesen sein; also nur der Mensch hat Pflichten. Das hat schon Aristoteles scharf betont: weder dem Leblosen, noch dem Pferd, noch dem Vieh kommen Rechtspflichten zu, nur dem Menschen als Menschen, nicht dem Sklaven als solchem[2].

Fügen wir dem Gesagten einige klärende Erwägungen bei.

1. Es sei in allererster Linie betont, daß Gott als höchstes objektiv gegebenes *Ziel* dem Pflichtigen auch *subjektiv* einigermaßen bekannt, also bewußt sein muß. Dadurch wird die Pflicht zum « Pflichtbewußtsein ». Mit Recht sagt F. Keller: « Die Bindung unseres Willens kann nur dann wirksam sein, wenn sie uns bewußt geworden ist »[3].

2. Quelle der Pflicht ist das *Gesetz*, das uns gegeben ist und uns vorschreibt, was zum Ziele getan oder unterlassen werden muß. Damit

[1] I 21, 1 ad 3. [2] VIII. Eth. c. 11 (II 100, 32).
[3] *O. Willmann*, Lexikon der Pädagogik, « Pflichtgefühl ».

wieder erhält in der natürlichen Ordnung das *Naturrecht* seine überragende Bedeutung, da alle anderen Gesetze von ihm, dem Abbild der Ratio divina und damit dem Willen des höchsten Gesetzgebers, ihre Pflichtkraft erhalten [1]. So kann man die Pflicht auch definieren als *Notwendigkeit, das Gute zu tun und das Böse zu meiden,* wie Zigliara [2] und Cathrein [3] übereinstimmend sagen.

3. In der Pflicht liegen zwei Momente, die widerspruchsvoll erscheinen und es doch nicht sind : **Notwendigkeit** und **Freiheit.** Ein Widerspruch wäre nur dann da, wenn dasselbe unter demselben Gesichtspunkte bejaht und verneint würde. Das ist hier nicht der Fall, denn die Notwendigkeit bezieht sich auf die Erreichung des höchsten Zieles — ex parte finis; die Freiheit geht den handelnden Willen an — ex parte voluntatis; soll der Wille das Ziel sicher erreichen, dann *muß* er *frei,* zweckmäßig handeln. So ist Pflicht nichts anderes als *zweckmäßiges Handeln.*

4. Damit ist von der Pflicht auch jeder **Zwang** ausgeschlossen [4]. Ich rede von physischem Zwang und lege dem Leser zum Beweise meiner Behauptung zwei Momente vor, ein negatives und ein positives :

a) *Negativ :* jede Fähigkeit ist zu ihrem eigentümlichen Gegenstande (obiectum proprium) *naturnotwendig* hingeordnet. Die Naturnotwendigkeit (connaturale), schließt aber jede Vergewaltigung, jeden Zwang aus als etwas Unmögliches ; denn den inneren Willen erreicht kein Zwang. Nun ist aber der eigentümliche Gegenstand des Willens das « Gute » — bonum in communi —, das seine Verwirklichung als Ziel des Willens nur in Gott hat ; also kennt die Notwendigkeit ex parte finis keinen Zwang [5]. Er ist geradezu *unmöglich.*

b) Das *positive* Moment : stets ist das Objekt einer Potenz ihr Wohl und Glück, weil ihre Vollkommenheit. Daher bedeutet die Hinordnung des Willens zum « Guten » (bonum) *Liebe,* mit der die Furcht nur per accidens, nämlich : es zu verlieren, verbunden ist. Also bedeutet die Pflichtnotwendigkeit zum Guten und zuletzt zu Gott als höchstem Ziel für den menschlichen Willen nicht bloß nichts «Widerwilliges» — Zwang — sondern *Liebe, Größe, Würde,* weil eminente Vollkommenheit !

[1] Vgl. *Cathrein,* a. a. O. I 324 ; *Zigliara,* l. c. Eth. P. II l. I c. 1 a. 2.
[2] Ib. [3] A. a. O. I 325.
[4] *F. Keller,* a. a. O. ; *Cathrein,* a. a. O. 324.
[5] « Duplex est necessitas : una coactionis, et haec, quia repugnat voluntati, tollit rationem meriti. Alia autem est necessitas ex *obligatione* praecepti sive ex necessitate *finis,* quando sc. aliquis non potest consequi finem virtutis, nisi hoc faciat ; talis necessitas non excludit rationem meriti ». II-II 58, 3 ad 2. Dazu I 82, 1 u. 2.

2. Pflichtarten.

Wir reden nur von einigen Hauptarten. Sie entsprechen den Rechtsarten, da jede Pflicht auf die Erfüllung eines Rechts hintendiert. So ergeben sich in der natürlichen Ordnung, von der wir allein handeln:

1. Pflichten gegen *Gott*, den *Nächsten* und *sich selbst*, je nachdem das Pflichtige die Erfüllung der Rechte Gottes, des Nächsten, oder gegen sich selbst ist.

2. Alle drei Pflichtarten, die wir soeben erwähnten, fließen entweder aus der lex naturalis, oder aus einem positiven Gesetze, das das Naturrecht näher bestimmt. So haben wir *naturrechtliche* und *positive* Pflichten [1].

3. All die erwähnten Pflichtarten können hinsichtlich der Erreichung des letzten höchsten Zieles entweder absolut notwendige Erfüllungen sein, oder solche, die für die Erreichung des Zieles zwar nützlich und daher kongruent sind, aber nicht notwendig. So haben wir *absolut-notwendige* und *nützlich-kongruente* Pflichten [2].

4. Alle obigen Pflichtarten sind entweder *affirmative* oder *negative*, je nachdem sie Erfüllung dessen sind, was zu tun ist, oder was nicht geschehen darf [3]. Welche Bedeutung gerade diese Unterscheidung hat, werden wir bei der Suspensio der Pflicht erfahren.

5. Von fundamentaler Bedeutung ist die Unterscheidung von streng-rechtlichen (officia iuridica) und nur moralisch-rechtlichen Pflichten [4]. Die Erklärung dieser Einteilung ist etwas kompliziert.

a) Die *streng-rechtlichen Pflichten* wurzeln alle im Gesetze [5] und sind der Ausfluß der sog. *Legal-Justiz*, die, weil sie den Menschen zum bonum commune [6] selbst kausal [7] leitet, alle Akte aller sittlichen Tugenden beherrscht [8] und zu ihrem Partikulärziele hinleitet [9], die « Allgemeintugend », « virtus generalis », genannt wird [10]. Sie ist daher unter den Moraltugenden die herrlichste, « praeclarissima virtutum » [11], welche für jede Justiz, auch die distributiva und commutativa, weil sie zum bonum commune hinordnet, vorausgesetzt wird [12]. Da die

[1] I-II 99, 5.
[2] I-II 99, 5; *Aristoteles*, V. Eth. c. 7.
[3] II-II 80, 1.
[4] II-II 80 1. [5] Ib. [6] II-II 58, 5.
[7] Ib. a. 6. [8] Ib. a. 5. [9] Ib. a. 7.
[10] Ib. a. 5. [11] II-II 58, 12; 58, 3. [12] II-II 59, 1.

Pflicht immer ein debitum — etwas « Pflichtiges » — bedeutet, und die iustitia legalis für alle Tugenden das « Allgemeinpflichtige » vorschreibt — bonum commune —, hat diese Justiz für die Pflichtenlehre fundamentale Bedeutung. Streng genommen, umfaßt sie das ganze natürliche *Pflichtenheft.* Selbstverständlich ist das « Pflichtige » auf diesem großen Gebiete ein sehr verschiedenes. *Gott* gegenüber, wo sie die ganze Gottesverehrung, « religio », umfaßt, kann der Pflichtige das Pflichtige nie im Vollmaß, d. h. zur Gleichheit (aequalitas) erfüllen. Dasselbe ist der Fall den *Eltern* — pietas — und dem Vaterland gegenüber [1]. Überall ist hier das Pflichtige (debitum) größer als das Pflichterfüllte. Weil diese Justiz als « Allgemeintugend » alle sittlichen Tugenden beherrscht, wird sie mit Recht « Kardinaltugend » genannt.

b) Nicht zu den streng-rechtlichen Pflichten gehören jene Tugendverpflichtungen, welche nur etwas *Moralisch-Pflichtiges,* « debitum morale », sagt Thomas [2], vorschreiben, d. h. etwas, was zur Würde der Tugend beiträgt : « quod aliquis debet ex honestate virtutis ». Auch hieraus können sich Pflichten ergeben, die bei Nichterfüllung den Bestand der Tugend in Frage stellen, wie bei Verletzung der *Wahrhaftigkeit* in Wort und Tat. Andere Tugenden vermehren nur das Ansehen und die Würde der Tugend, wie die *Freigebigkeit* (liberalitas), die *Leutseligkeit* (affabilitas), die *Freundschaftstugend* usw. [3]

Einleuchtend ist es auch, daß man, wie beim Recht, auch in der Pflicht eine *objektive* und eine *subjektive* Seite unterscheiden kann. Die objektive betrifft das Pflichtige selbst (debitum) ; die subjektive liegt im Pflichtträger, der das Pflichtige zu erfüllen hat [4].

3. Pflicht und Recht.

Pflicht und Recht sind correlativa, d. h. Begriffe, die miteinander laufen. Wo der eine ist, ist auch der andere zur Stelle [5]. Aber sie sind nicht, wie häufig gesagt wird, gegenseitig sich verursachend, wie wenn das Recht die Pflicht und die Pflicht das Recht schüfe ; Ursache beider ist das *Gesetz.* Damit tritt uns das Naturrecht wieder in seiner ganzen Bedeutung vor Augen. Da es in der natürlichen Ordnung der Maßstab aller positiven Gesetze ist, ist es auch Maßstab aller Rechte

[1] II-II 80, 1. [2] II-II 80, 1. [3] Ib.

[4] Vgl. *Zigliara,* l. c. Eth. P. II l. I c. 1 a. 2.

[5] « Praeceptum importat rationem debiti ; inquantum ergo aliquid cadit sub praecepto, habet rationem debiti ». II-II 44, 1.

und Pflichten [1], selbstverständlich in seiner Abhängigkeit von der lex aeterna, denn ohne die letztere ist es überhaupt nicht Naturrecht im *Vollsinne*, da seine *Passivität* unberücksichtigt bleibt, wie wir früher scharf betonten. Der Mensch ist also, wie Trendelenburg [2] stark betont, verpflichtet, *nach seiner Natur zu leben.* Nur muß dieses alte Prinzip « lebe nach der Natur », das so oft mißbraucht wurde, richtig verstanden werden.

Ganz verschieden ist die Stellung von Recht und Pflicht in *Gott und der Kreatur.* In Gott gibt es nur Rechte. Hier gilt das Axiom : « Deus nulli est debitor » [3]. Höchstens als Folge eines Versprechens : « ex promisso » könnte bei Gott von Pflicht gesprochen werden [4]. Insofern kann und muß man sagen : ontologisch sind die Rechte früher als die Pflichten. Korrelative Begriffe bleiben indessen Rechte und Pflichten auch in der Gotteslehre ; denn den absoluten Rechten in Gott entsprechen die absoluten Pflichten der Kreatur gegenüber Gott. Damit ist schon angedeutet, daß in den Geschöpfen, weil sie nur empfangenes Sein besitzen, die *Pflichten früher* sind als die Rechte. Gilt hier doch der Grundsatz : « Iura humana ex officiis erga Deum oriuntur ». Das Eigentümliche der kreatürlichen Rechte ist wohl, daß sie, wenigstens zumeist, auch Pflichten sind. So hat der Mensch nicht bloß das Recht, sein Leben zu erhalten, zu vervollkommnen und zu verteidigen, sondern alle diese Rechte sind zugleich auch seine Pflichten.

4. Die letzte, tiefste Ursache der Pflicht.

Damit treten wir an eine große, schwierige Streitfrage heran.

Das Pflichtbewußtsein ist unstreitig im Menschen etwas außerordentlich Tiefes. Es ist tiefer selbst als das *Gewissen*, denn dieses ist sein Bote und Diener. Die Pflicht ruft in guten und bösen Tagen, allzeit, bei Großen und Kleinen, selbst Pantheisten, Materialisten, ja auch bei den Leugnern jedes göttlichen Seins. Sogar im Leugner jeder Pflicht ruft sie weiter und jammert bei Tag und bei Nacht.

Damit berühren wir eine der merkwürdigsten **Tatsachen** der Welt- und Völkergeschichte. Jedermann unterscheidet, *unter der Form von*

[1] I-II 94, 3.
[2] Naturrecht, § 45.
[3] I 21, 1 ad 4 ; I-II 111, 1 ad 1 ; II. S. c. G. 28.
[4] II. Sent. D. 22, 3 ad 4.

Glück und Unglück, « Gut » und « Bös » und ist wie durch eine unsichtbare Macht angetrieben, diese tiefste Pflichtkenntnis auf sein Tun und Lassen anzuwenden. Man beweise mir, daß irgend ein Mensch nicht naturnotwendig sein Glück sucht und das Unglück meidet, sogar der Selbstmörder. Merkwürdig ist diese Tatsache der Erstpflichtkenntnis. Erstens : weil sie bei *allen Völkern*, zweitens *aller Zeiten* und *Kulturstufen*, selbst Höhlenbewohnern sich vorfand [1]. Drittens ist diese Tatsache merkwürdig, weil auch *heute* noch dieses erste sittliche « Sollen » bei jedem ersten Vernunfterwachen, ohne lange, mühsame Denkarbeit spontan zugleich erwacht. Viertens, auch im *Atheisten*, dem Leugner der Gottheit, ist dieses erste « Sollen » da, denn er sucht Glück und meidet das Unglück. Alle müssen diese Tatsache zugeben. Sie ist Gemeingut der Menschheit [2]. Wie ist diese merkwürdige Urtatsache zu erklären ? Wie, so fragen wir, kam dieses *erste, ursprünglichste* sittliche « Sollen » in den Menschen, d. h. *wo liegt die erste, tiefste Ursache des Pflichtsinns* ?

Faktisch gab es in der Weltgeschichte nur zwei wesentlich verschiedene Lösungsversuche : jener der sog. *unabhängigen Moral* der Empiriker und Rationalisten, und jener der *transzendentalen* Moral, mit Gott als letzter Ursache.

a) Die unabhängige Moral.

Beide, die Empiriker und Rationalisten verlegten schlußendlich die höchste Ursache in den Menschen selbst und allein.

Prüfen wir zuerst kurz den **Empirismus** in einigen Hauptvertretern. Sie wollen den Pflichtursprung *induktiv* aus einer bloßen Sammlung von Tatsachen aufzeigen und so die berühmte Tatsache, die auch sie nicht leugnen, erklären.

Da haben wir die These von *J. Bentham*, der den Pflichtursprung in der Vermeidung des *Schmerzes* und der möglichst hohen Erreichung der *Lust* zu finden glaubte [3]. Allein, die Sätze : « Suche die Lust und meide den Schmerz » sind doch keine Erklärung des *letzten Grundes* der Pflicht. Sie sind höchstens zwei materiell sehr anfechtbare Sätze von Pflichtaufgaben, die den Pflichtsinn schon voraussetzen. Sie setzen die viel tieferen Verpflichtungen der Selbsterhaltung und des Strebens nach Glück voraus. Denn warum soll ich den Schmerz ver-

[1] *Schneider*, a. a. O. 303 ff.
[2] Vgl. *Cathrein*, a. a. O. I 510-613.
[3] Deontologie, Bd. I, 109 ff. Vgl. *Cathrein*, das. 333.

meiden und die Lust suchen? Der Selbsterhaltung und des Glückes wegen. Bentham ignoriert also den Fragepunkt und setzt das zu Beweisende für den Beweis voraus. Wir haben das sophisma elenchi. Nicht besser steht es mit der These *Herbert Spencers*. Der Pflichtsinn soll entstanden sein aus der inneren und äußeren Notwendigkeit, das *Schädliche* zu meiden und das *Nützliche* zu tun [1]. Aber auch diese Sätze sind nur Pflichtvorschriften, die den Pflichtsinn und seinen Ursprung und Urgrund schon voraussetzen. Sie sind also gar keine Erklärung der berühmten Tatsache. Übrigens sind diese Sätze in Wirklichkeit gar keine Induktionen, sondern eine Deduktion. Herberts allgemeine These ist jene, die auch J. Locke, Hobbes und Spinoza teilten [2]: Das Gute ist mit dem Nützlichen identisch, also ist das Nützliche zu suchen, das Schädliche zu meiden. Da haben wir offenbar eine verkappte Deduktion. Methodisch ähnlich verfahren auch *W. Wundt* [3] und *Friedrich Paulsen*. Schließlich flüchten sich alle Empiriker auf den Pfaden der Entwicklungslehre Darwins in eine *sittlichkeitslose Vorzeit* unseres Geschlechtes, trotzdem die Kulturgeschichte keine einzige Tatsache einer solchen sittlichkeitslosen Zeit kennt, wie wir früher dargetan haben. Die Anhängerzahl dieser Richtung bedeutet Legion. Nennen wir zu den bereits Genannten: *John Lubbock, McLennan, Lewis H. Morgan, Ad. Bastian, F. v. Hellwald, A. Post, Jul. Lippert, J. Kohler, Kulischer, G. A. Wilken, Giraud-Teulon, Ch. Letourneau* [4], *C. Laas, G. von Gizycki*. Und trotz der glänzenden Widerlegung der Urzeugung und Abstammung des Menschen vom Tiere durch den großen Naturforscher *Virchow* [5] soll der Mensch auch den Pflichtsinn vom Tiere herübergenommen haben. Daher nennt Virchow alle diese Empiriker treffend « Urstandsdichter » [6]. Und wir fragen: Was ist denn das für ein *induktives* Verfahren, das keine *einzige Tatsache* für sich in Anspruch nehmen kann? — Aber es ist eben Dichtung! — Dieses Bestreben, den ursprünglichen Pflichtsinn des Menschen vom Tiere abzuleiten, führt, sagt Schneider etwas boshaft, zu dem widerspruchsvollen Verfahren, *den Urmenschen als ein sittlichkeitsloses und das Tier als ein sittliches Wesen nachzuweisen* [7].

[1] *Schneider*, das. 335; *Cathrein*, das.
[2] *Schneider*, das. 323.
[3] *Cathrein*, das. 337.
[4] *Schneider*, das. 302.
[5] Vgl. *M. Schneid*, Naturphilosophie. Paderborn 1890, 323, 337.
[6] Bei *Schneider*, das. 304.
[7] Das. 302.

Wäre das alles richtig, dann wäre auch der Ausspruch B. Carneris wahr: « Der Mensch im gewöhnlichen Sinne kann nur ganz allmählich entstanden sein, sodaß er schon da war, als er noch nicht da war » [1].

Ganz typisch ist für unsere Frage die Stellung von *Fr. Paulsen.* Er flüchtet sich schließlich in den sichern Hafen des *Pantheismus.* Auf Grund der historisch-genetischen und sozial-teleologischen Methode kommt er zur Definition der Pflicht: « Das Gefühl der Verbindlichkeit, immer und überall so zu handeln, wie es durch die objektive Sittlichkeit gefordert wird » [2]. Unter objektiver Sittlichkeit versteht er die objektive, unbewußte Vernünftigkeit [3]. Das ist also das letzte Resultat der Empiriker über die letzte Ursache der Pflicht. !

Als Begründer der **rationalistisch** unabhängigen Moral gilt allgemein *E. Kant.* Gewiß gab es schon vor ihm subjektivistische Ethiker. Man denke nur an *Archelaus,* den Schüler des Anaxagoras, der jeden festen Maßstab für das sittliche Handeln leugnete [4]; oder an *Karneades,* der unter dem Zulauf der goldenen Jugend Roms über alle bleibenden Gesetze der Moral sich lustig machte [5]; oder an den vaterlandslosen Atheisten *Theodor,* der logisch, nach solchen Prinzipien, Diebstahl, Gottesraub und jede böse Lust für erlaubt erklärte [6]. Aber Kant darf nicht mit diesen auf die gleiche Linie gestellt werden. Er war ein ernster Mann. War es doch gerade er, der dem utilitaristischen Empirismus scharf entgegentrat und die unumstößliche Gültigkeit der sittlichen Urteile festzulegen suchte. Er protestierte sogar dagegen, wie wenn er ein neues Grundgesetz der Sittlichkeit aufzustellen beabsichtigte [7]. Mit seinem noëtischen Idealismus gerade will er die Unveränderlichkeit der *Sittenlehre* retten. Seine synthetisch-aprioristischen Urteile, die den Stoff aus der Erfahrung (synthetisch), den Inhalt aber und daher die Notwendigkeit aus der Vernunft schöpfen sollten, schienen ihm die einzige Rettungsmöglichkeit. Alle diese Bestrebungen als solche gehören zu Kants Verdienst. So machte er alle Sittlichkeitsgebote und Pflichtvorschriften *inhaltlich nur* von der Vernunft, und zwar der praktischen Vernunft abhängig [8], ohne Berücksichtigung der spekula-

[1] Bei *Schneider,* das. 302.
[2] Kultur der Gegenwart, System der Philosophie, 291.
[3] Das. 289.
[4] *Diogenes Laert.*, 2, 16.
[5] *Cicero,* Republ. 3, 6, 7, 15.
[6] *Diogenes Laert.* 2, 99. Vgl. *A. M. Weiß,* a. a. O. I 100.
[7] Grundlegung der Metaphysik der Sitten, 103. Vgl. *Cathrein,* a. a. O. I 215.
[8] Das. 42.

tiven ; denn die Urteile der spekulativen Ordnung waren für ihn *reine* formae a prori, da sie nach ihm weder aus der Erfahrung geholt waren, noch also mit der Erfahrung und folglich mit dem sittlichen Handeln etwas zu tun hatten. Wir haben bei Kant die *Trennung von Ethik und Metaphysik.* Alles das ist bei ihm logisch. Wir sagten oben: «*nur von der Vernunft*». Warum ? Er war doch kein Atheist, forderte sogar die Existenz Gottes als Postulat der praktischen Vernunft. Gewiß ! Aber die Furcht vor jeder *Fremdgesetzlichkeit* (Heteronomie) trieb ihn zur absoluten *Selbstgesetzlichkeit* (Autonomie) auf sittlichem Gebiete. Ist der Mensch aber auf sittlichem Gebiete absoluter *Selbstgesetzgeber,* so ist er auch *Selbstzweck,* und damit fällt *jede Religion, jeder Gehorsam,* das *ganze Christentum* mit seinen Lehrgeheimnissen und Moralgesetzen. Es fällt dann auch jede *Pflichtnotwendigkeit,* da der Mensch sittlich *sich selbst Ziel* ist und auch selbst zu diesem Ziele *beliebig,* ohne Notwendigkeit die Mittel bestimmt. Mit all dem fällt dann auch der berühmte *kategorische Imperativ* selbst. Die ratio practica, ohne jeden Maßstab und unabhängig von *außen* und *oben,* wird zum Spielball des veränderlichen Willens, statt letzteren zu leiten. Wer aber gegen eine derartige Selbstherrlichkeit und Autonomie des Menschen unbestechlich, allzeit Protest erhebt, das ist das *Gewissen,* das doch Kant gerade so stark zu verherrlichen suchte. Dieses wird als Verkünder des höchsten Pflichtsinns stetig an einen höheren Richter appellieren.

Im Gegensatz zu Kant schöpft der *wahre Aristoteliker* aus dem Flusse der Sinneserfahrung *etwas «immer Bleibendes»,* — das Wesenhafte, ohne das es auch keinen «Fluß» gibt. Er *abstrahiert* alle Ideen aus der Erfahrung. Damit erhalten sie den *Inhalt aus der Sinneswelt,* auch die höchsten transzendentalen Begriffe, die in der Form der Beweisprinzipien das praktisch-sittliche Leben stützen, — keine Trennung von spekulativer und praktischer Ordnung. Damit fußt die Ethik auf der *Metaphysik* und wird die Existenz Gottes spekulativ beweisbar, ist also nicht mehr bloß ein Postulat der praktischen Vernunft. So wird das sittlich-praktische Leben gemessen : von *außen* durch die Dinge, von *oben* durch die unveränderlichen spekulativen Prinzipien und zuletzt von Gott, und entgeht damit der stetigen Veränderlichkeit des Alltäglichen [1]. Die Pflichtlehre erhält ihre Notwendigkeit neben der Freiheit !

[1] Vgl. I-II 18, 5 ; I-II 18, 2 ; I-II 90, 1 ad 1 ; I-II 19, 3.

Aber Kants Furcht vor der *Heteronomie*, teilt sie der Aristoteliker nicht ? Gewiß ! Doch für ihn gibt es keine Heteronomie im Sinne Kants. Über diese Schwierigkeit hilft ihm das *Naturrecht* wieder glänzend hinweg. Oder nicht ? Ist die *Menschennatur*, das nächste und tiefste Tätigkeitsprinzip alles natürlichen Handelns und Quelle aller natürlichen Tugenden [1], nicht *im Menschen selbst?* Was, bitte, ist dem Menschen *intimer*, *innerlicher*, *selbstiger* als seine eigene Natur, die Quelle des ganzen Menschseins ? Herrliche Autonomie ! Nur weil sie kreatürlich und daher passiv ist, bedarf sie ständig Gottes, der ihr als Ursache ihr « Selbstiges » stetig erhält und daher in *ihr ist*, per potentiam und essentiam, wie Thomas sagt [2]. Wer ist also der Menschennatur wieder intimer als *Gott*, der ihr stündlich das Eigensein gibt und erhält ? So steht es mit der angeblichen Heteronomie im thomistischen Sinne !

Sehr illustrierend zum kategorischen Imperativ Kants ist die Stellung *Walter Burckhardts*, ehemals Professor in Bern. Wie *Eugen Huber* [3], ist auch er Gegner des Naturrechts und stellt sich daher auf den Boden des Kantischen Imperativs. Aber er ist doch ziemlich kritisch. Vorerst betont er mit Recht, daß von zwei Rechtsordnungen immer die vernünftigere den Vorzug hat ; denn « in der Vernunft liegt die Verbindlichkeit » [4]. Aber, gesetzt den Fall, so frägt er, es gebe noch keine anerkannte Rechtsordnung und keinen Gesetzgeber, was dann ? Dann muß die Vernunft nach *sachlichen* Gründen entscheiden. Aber, wenn es keine sachlichen Gründe gibt, so frägt er wieder, wie soll die Vernunft nach Gründen entscheiden ? « Dann haben wir offenbare Autonomie » [5]. Und wenn man bedenkt, so fährt Burckhardt weiter, wie *unvollkommen der Mensch ist*, wie soll da die Vernunft immer das Richtige treffen ? Weder die *Geschichte* [6], noch die *Mehrheit des Volkes* [7], noch die *positiven Gesetze* [8] helfen uns über die Schwierigkeit hinweg, da sie die Lösung dessen, was ursprünglich Recht und Pflicht ist, schon voraussetzen. Was also ? Ja was also ? Burckhardt faßt das Endresultat seiner Erörterungen in folgende Worte zusammen : « Der Anfang des geltenden Rechts, oder besser sein *letzter*

[1] I-II 94, 3.
[2] I 8 a. 1, 2 u. 3.
[3] Recht und Rechtsverwirklichung, 39.
[4] Die Organisation der Rechtsgemeinschaft, 182.
[5] Das. 184-185.
[6] Das. 186. [7] Das. 187. [8] Das.

Geltungsgrund, ist immer irrational in dem Sinne, daß die *Pflicht*, einer bestimmten Rechtsordnung, zu gehorchen, nie aus der *Vernunft allein* abgeleitet, also auch nie vollständig begründet werden kann »[1]. Welche Dienste hätte hier das Naturrecht dem verdienten Berner Rechtslehrer geleistet!

So ist das Endresultat der Verteidiger der unabhängigen Moral doch etwas kläglich. Der eine eminente Vertreter der *empirischen* Richtung, Paulsen, flüchtet sich zum Pantheismus, dem bequemen Versteck aller geistigen Flüchtlinge! Der andere ebenso eminente Vertreter der *rationalistischen* Richtung, W. Burckhardt, flieht ins Dunkel des Irrationalen, mit dem Bekenntnis : Der Rechts- und Pflichtursprung ist überhaupt unerklärbar. Alles das beweist, daß man ohne Natur und göttliches Recht die Frage gar nicht lösen kann! Der Berlinerprofessor *A. Lasson* erhält Recht, wenn er sagt : « Eine Moral, die sich nicht an das schlechthin Übersinnliche im Menschen, an seine *Gottebenbildlichkeit*, an seine Bestimmung für eine *ewige Ordnung* der Dinge wendet, die sich dabei an allerlei verständigen Überlegungen des Nützlichen, dessen, was Lust gewährt und zur Wohlfahrt gereicht, genügen läßt : eine solche gehört zu den *schwersten* Übeln für das menschliche Geschlecht, zu den *größten Hindernissen* für die Kulturentwicklung »[2].

b) *Gott der letzte Grund der Pflicht.*

Die Stellung des Aquinaten zu diesem schwierigen Problem ist *vorsichtig* und *logisch* : Gott ist die Hauptursache aller Verpflichtungen[3].

Wir nannten diese Lösung **vorsichtig**: Faktisch gibt es ja ganz verschiedene Pflichtprinzipien in der Ehe, Familie, Staat, die zunächst alle auf die rationale Menschennatur zurücklaufen als Ursache von Pflichten. Ist doch jedes Gesetz und daher vor allem das Naturrecht Quelle von Pflichten. Insofern ist die Ansicht Ed. Zellers[4], die Würde des Menschen als geistig-vernünftiges Wesen sei, in der natürlichen Ordnung, Quelle aller natürlichen Pflichten, durchaus berechtigt. Aber, da die Menschennatur selbst passiv ist, d. h. kreatürliches Sein offenbart, kann sie unmöglich die letzte, höchste Quelle der Pflicht sein, da sie selbst pflichtig ist. Des Aquinaten Lösung wahrt alle unter-

[1] Das. 188. Sperrdruck von mir.
[2] Vgl. *W. Schneider*, Die göttliche Weltordnung, 575.
[3] « In Deo est principaliter ratio et causa debiti ». II-II 106, 1.
[4] Vorträge und Abhandlungen, zitiert bei *Cathrein*, I 329.

geordneten Pflichtprinzipien. Gott, der selber keine Pflichten hat, ist das höchste Pflichtprinzip.

Logisch ist die vorgeschlagene Lösung: Gott als Urprinzip der Pflicht. Warum?

1. Recht und Pflicht sind Korrelativa! Urgrund alles Rechts ist Gott, also auch Urgrund aller Pflichten.

2. Nur Gott konnte die *Sittenordnung* aufstellen mit der Hinordnung des Menschen zum bonum commune als Ziel, das durch freies Handeln erreichbar ist. Also konnte auch nur *er* den Menschen verpflichten, dieses Ziel, das, natürlich gesprochen, alle Pflichten enthält, zu erstreben.

3. Alle Pflichten erhalten, wie früher betont, ihre Pflichtkraft nur aus dem *Gesetze* [1], und alle positiven Gesetze die ihrige aus dem *Naturrecht* [2] und das Naturrecht aus der *lex aeterna* [3]. Also muß Gott als höchstes Gesetz Urprinzip der Pflicht sein.

Und in Gott, was ist in ihm Urgrund der Pflicht: Der Verstand oder der Wille oder beide?

Auch diese Frage ist schon beantwortet. Die Pflicht folgt dem Recht. Das Recht hat, wie früher gesagt wurde, die Urquelle formell in dem göttlichen Verstande, in seiner Weisheit und materiell im göttlichen Willen. Also liegt auch, wie früher über die lex aeterna gesagt wurde, der Urquell der Pflicht formell in der göttlichen Weisheit, materiell im göttlichen Willen. Das alles ist logisch, echt thomistisch und wurde auch von Joh. a S. Thoma und Plaßmann [4] scharf und richtig betont. Suarez hat dem tiefsinnigen Vásquez den Vorwurf gemacht, er hätte einseitig die letzte Ursache der Pflicht nur in dem göttlichen Verstand, mit Vernachlässigung des Willens, verlegt [5]. Ob der Vorwurf begründet war, was selbst Cathrein leise bezweifelt [6], sei dahingestellt. Sicher spielt die göttliche Weisheit die leitende Rolle, da in Gott alles ursprünglich von der Ratio divina und dem Willen, d. h. von dem «*Vernunftwillen*», abhängt [7].

Allein mit all dem sind wir plötzlich vor eine *neue Schwierigkeit* gestellt. Liegt der letzte Grund des Pflichtbewußtseins in Gott, dann müssen auch *alle*, die das Gebot der Pflicht besitzen und fühlen, *Gott*

[1] II-II 80, 1; I-II 95, 1 u. 4.
[2] I-II 94, 3, 4.
[3] I-II 93, 3; 91, 2.
[4] Schule des hl. Thomas, IV, 232.
[5] De legibus II c. 5, 2 ff.
[6] A. a. O. I 328 [1].
[7] I-II 97, 3.

erkennen. So definiert auch der verdienstvolle Cathrein die Pflicht als « die Notwendigkeit, das Gute zu tun und das Böse zu lassen, weil wir *erkennen, daß Gott, unser höchstes Gut, dieses von uns unbedingt fordert und das Zuwiderhandeln ihm positiv mißfällt oder ihn beleidigt* »[1]. Nun aber ist es Tatsache, und das Gewissen bezeugt es, daß nicht bloß Pantheisten, sondern auch Atheisten, die Gott nicht klar oder gar nicht erkennen, dennoch den Zahn der Pflicht fühlen. Es gibt also Pflichtsinn ohne Gotteserkenntnis. Wie soll man das reimen ?

Thomas gibt uns die Lösung. Es gibt eine doppelte Gotteserkenntnis: eine klare und eine konfuse. Die erstere besitzt offenbar weder der Pantheist noch der Atheist. Aber die konfuse-unbestimmte und doch naturnotwendige besitzen alle. Jedermann strebt naturnotwendig zu seiner Glückseligkeit, zum bonum in communi, dem Formalobjekt des Willens, das nur in Gott seine Verwirklichung findet : « Dicendum, quod cognoscere Deum esse, in aliquo communi, sub quadam confusione est nobis *naturaliter* insertum, inquantum sc. Deus est hominis beatitudo »[2]. Diese indirekte, unklare Gotteserkenntnis ist also auch im Atheisten und daher auch das Pflichtbewußtsein. So ist und bleibt Gott Urquell des Pflichtsinns in jedem Menschen.

5. Die Pflichtaufhebung.

Die Pflicht kann auf verschiedene Arten erlöschen.

Nennen wir an erster Stelle die Pflichtaufhebung durch **Aufhebung des Gesetzes** — abrogatio legis, dem eine Pflicht entsprungen. Das ist offenbar die grundlegendste Aufhebung. Mit der Aufhebung der Ursache der Pflicht geht naturgemäß die Pflicht als Wirkung unter. Da die Wesenheit oder Natur des Menschen an sich unveränderlich ist und in der Ratio divina ihren letzten Grund hat, erlöschen die *Naturrechtspflichten nie*, solange es existierende Menschen gibt.

Eine andere Pflichtaufhebung in der naturrechtlichen Ordnung vollzieht sich im Individuum und Staat durch die sog. **Unterordnung** niedrigerer Rechtssätze unter höhere und höchste — subtractio materiae legis. Das will sagen : eine Tätigkeit, die nach einem untergeordneten Gesetze pflichtig wäre, wird dem betreffenden Gesetze durch Unterordnung unter eine höhere Rechtsnorm entzogen — subtractio[3].

[1] A. a. O. I 325.
[2] I q. 2 a. 1 ad 1 ; I. S. c. G. c. 13 ; De Verit. q. 10 a. 12 ad 5.
[3] I-II 94, 5.

So ist es an sich Pflicht, dem Eigentümer die Waffen zurückzuerstatten, aber nicht dem Betrunkenen, der die öffentliche Sicherheit bedroht, oder auch nicht dem Nüchternen, der die Waffe als Vaterlandsverräter gebrauchen will. Diese Rechts- und Pflichtenunterordnung ist für Individuum und Staat von größter Wichtigkeit. Damit hat der Staat das Recht, zu töten, das der Private nicht besitzt; hat Gott, als höchster Herr über Leben und Tod, Individuum und Staat, das Recht zu allem, was seiner Weisheit und Gerechtigkeit, sagen wir seiner Wesenheit, nicht widerspricht. Aus dem gleichen Grunde hat jeder Mensch, auch dem Staate gegenüber, unverbrüchliche Rechte und Pflichten bezüglich des *Seelenheils* [1], das ein höheres Gut als der Staat ist. Daß es sich in diesen Fällen nicht um eine Änderung, sondern nur um Subordinatio der lex naturalis handelt, ist augenfällig. Sie wird tatsächlich praktiziert in Ehe, Familie und Staat.

Auch in der **Dispens** wird der Dispensierte einer Pflicht enthoben, aber nur auf Grund der *legitimen Autorität* [2] und nur in Anwendung eines allgemeinen Gesetzes auf *besondere Fälle* [3]. Die Dispens setzt notwendig voraus, daß die Anwendung des Allgemeingesetzes auf die Einzelfälle nachteilig ist, ja sogar statt zum Guten zum Bösen führt [4]. Damit ist auch jeder Dispens naturrechtlich die absolut geltende Grenze und Schranke gesetzt, mit dem Satze: *Niemand kann dispensieren bezüglich des letzten Zieles und alles dessen, was als Mittel zur Erreichung des letzten Zieles notwendig ist* — ordo iustitiae et virtutis —, und jede Dispens muß diese doppelte *Grundpflicht führend vor Augen haben* [5]. In Tat und Wahrheit haben wir faktisch immer auch hier eine Unterordnung niedrigerer Gesetze unter höhere, oder dessen, was nicht absolut wesentlich ist, unter das, was wesentlich ist: die Erreichung des höchsten Zieles.

Wir reden hier auch noch von einer letzten Art Pflichtenthebung, die mit Recht **Pflichtsuspens** genannt wird [6]. Sie ist theoretisch und praktisch für die sittliche Ordnung von großer Tragweite. Zur Klärung der Pflichtsuspens unterscheiden wir zwei Klassen von naturrechtlichen Vorschriften: negative und positive.

[1] Ib. u. q. 100, 8 ad 3; I-II 21, 4 ad 3.

[2] Vgl. *Billuart*, Summa S. Thomae, Tr. de leg. Diss. V a. 4.

[3] « Dicendum, quod dispensatio proprie importat commensurationem alicuius communis ad singula ». I-II 97, 4. Der Cod. iur. can. 80 nennt die Dispens: « legis in casu speciali relaxatio ».

[4] I-II 97, 4.

[5] I-II 100, 8 u. ad 3; II-II 104, 4 ad 2.

[6] *Zigliara*, l. c. Ethica, P. II l. I c. 1 a. 3, IV.

a) Die *negativen* verbieten uns alles, was gegen das Naturrecht ist. Das sind alle Tätigkeiten, die aus ihrer Wesenheit böse sind — per se malum —, wie z. B. Lüge, Diebstahl, Gotteslästerung. An sich schlecht sind diese Tätigkeiten, weil sie dem höchsten Ziele und der Rechtsordnung, d. h. dem Tugendwege zum Ziele notwendig widersprechen. Diese Handlungen sind daher *nie* erlaubt, weder *irgendwo*, noch *irgendwann*, noch auf *irgend eine Weise:* sie verpflichten also *immer* und *für immer*, « semper et ad semper » [1]. Hier liegt der mächtige Damm gegen den *Moralrelativismus!* Folglich gibt es auf dem naturrechtlich-negativen Gebiete absolut keine Pflichtsuspens. Noch gibt es hier irgend eine *positive Mitarbeit* — cooperatio positiva; denn kein Zweck heiligt an sich schlechte Mittel. Noch gibt es hier eine Wahl zwischen *kleinerem und größerem Übel;* denn das an sich Böse ist nie Gegenstand einer Wahl. Von welcher Bedeutung diese naturrechtliche Lehre für unsere Zeit, die Soziologie und Staatslehre ist und wäre, möge der Leser zu Ende denken!

b) Anders steht es mit den *positiven* Vorschriften des Naturrechts. Sie schreiben die *Tugend* vor und sind Ursache aller natürlichen Tugenden [2]. Als « habitus », d. h. feste Disposition des Willens, verlangt die Tugend nicht jeden Augenblick und überall die positive *Tugendtat* [3]. Zwar verlangt die Tugend immer die innere Hinordnung zur Tugendhandlung, sonst kommt die Tugend selbst in Gefahr, und sie verpflichtet daher *immer* (semper). Aber die *Tätigkeit selbst* ist, wie gesagt, nicht jeden Augenblick und überall notwendig. Folglich verpflichtet die Tugend zwar *immer* (semper), aber nicht *für immer*, « non ad semper » [4]. So haben auch Heilige zuweilen des positiven Glaubensbekenntnisses sich entzogen wegen eines größeren Übels, um den Gläubigen erhalten zu bleiben. Hier kann also aus einem schweren Grunde die Wahl des kleineren Übels stattfinden. Hier gibt es also eine Pflichtsuspens trotz dem Pflichtgesetz, das an sich bleibt. Nur

[1] II-II 33, 2: « Considerandum est, quod sicut praecepta negativa legis prohibent actus peccatorum, ita praecepta affirmativa inducunt ad actus virtutum; actus autem peccatorum sunt secundum se mali et *nullo modo* bene fieri possunt, nec aliquo *tempore* aut *loco*, quia sec. se sunt coniuncti malo fini ... et ideo praecepta negativa obligant *semper* et *ad semper* »; dazu I-II 71, 5 ad 3; 88, 1 ad 2; 100, 10 ad 2; II-II q. 3 a. 2; 79, 3 ad 3.

[2] I-II 94, 3.

[3] I-II 88, 1 ad 2; II-II 33, 2.

[4] I-II 71, 5 ad 3; 88, 1 ad 2; 100, 10 u. ad 2.

in einem Falle ist auch hier die Pflichtsuspens nicht statthaft, wenn zufällig mit der Unterlassung der positiven Tätigkeit die Verletzung einer negativ naturrechtlichen Vorschrift verbunden wäre, weil dann die innere Hinordnung zum Tugendakte und damit die Tugend selbst unterginge. So müßte die Unterlassung des positiven Glaubensbekenntnisses unstatthaft sein, wenn damit schweres *Ärgernis*, das naturrechtlich-negativ verboten ist, verbunden wäre [1].

Wir haben im vorigen gewisse Pflichten scharf betont, weil sie eminent praktische Bedeutung haben und man darüber auch in katholischen Kreisen bei gewissen sozial-politischen Vorlagen nicht immer klar war. Wir wiederholen daher hier am Schlusse nochmals zwei unumstößliche Grundsätze: Auf naturrechtlich-negativem Gebiete gibt es weder eine *positive Kooperation* zu etwas, noch gibt es eine *Wahl des kleineren Übels vor dem größeren*, da das an sich Böse weder erstrebenswert, noch Gegenstand einer Wahl sein kann. Hier liegt, wie bereits gesagt, der Damm gegen den Moralrelativismus, aber auch gegen die *Machtpolitik*, die soviel Elend über uns gebracht hat. Hier hat das Naturrecht wieder seine enorme Bedeutung!

[1] I-II 100, 4 ad 2.

INHALTSÜBERSICHT

„Das Naturrecht ist die Wissenschaft, welche aus dem Wesen und der Bestimmung des Menschen und der menschlichen Gesellschaft das oberste Prinzip oder die Idee des Rechts ableitet". Das Naturrecht gründet in der Überzeugung, „dass es ein von willkürlichen Satzungen unabhängiges, in einer höheren sittlichen Lebensordnung gegründetes Recht gibt, welches als Maßstab zur Beurteilung der bestehenden Verhältnisse und Einrichtungen und als Richtschnur für ihre weitere Ausbildung zu dienen bestimmt ist". (Heinrich Ahrens)

9 783868 385052